JULIEN LESCS

RÉINVENTER LA GOUVERNANCE FAMILIALE

UN MODÈLE POUR UN FUTUR DURABLE ET RÉGÉNÉRATIF

DUNOD

Crédit iconographique : en page 71, *The Doughnut of social and planetary boundaries*, Kate Raworth and Christian Guthier. CC-BY-SA 4.0

Suivi éditorial : Ludivine Le Gall, Margaux Lidon
Couverture : Nicolas Weil, Studio Dunod
Illustrations des schémas : Davina Gariboli
Fabrication : Marine Stephan
Mise en page : Nord Compo

NOUS NOUS ENGAGEONS EN FAVEUR DE L'ENVIRONNEMENT :

Nos livres sont imprimés sur des papiers certifiés pour réduire notre impact sur l'environnement.

Le format de nos ouvrages est pensé afin d'optimiser l'utilisation du papier.

Depuis plus de 30 ans, nous imprimons 70 % de nos livres en France et 25 % en Europe et nous mettons tout en œuvre pour augmenter cet engagement auprès des imprimeurs français.

Nous limitons l'utilisation du plastique sur nos ouvrages (film sur les couvertures et les livres).

11 rue Paul Bert, 92240 Malakoff
www.dunod.com
ISBN 978-2-10-088096-6

Sommaire

À propos de l'auteur 5

Préface 9

Introduction : Innover pour rester en vie 13

PARTIE 1.
LA COLONNE VERTÉBRALE
DE LA FAMILLE « RÉGÉNÉRATIVE »

Chapitre 1 Le corps : le récit familial 25

Chapitre 2 Le cœur : la confiance intra familiale 41

Chapitre 3 La tête : l'ambition familiale
à visée régénérative 69

PARTIE 2.
LES TERRITOIRES D'ACTIONS
DE LA GOUVERNANCE RÉGÉNÉRATIVE

Chapitre 4 Initier la bascule d'un modèle extractif
vers un modèle régénératif 89

Chapitre 5 Cultiver l'orientation entrepreneuriale 113

Chapitre 6 Viser l'interdépendance du patrimoine familial.................................. 139

Chapitre 7 Comprendre la part d'ombre de la famille 163

Conclusion 199

Remerciements.. 203

Notes... 205

À propos de l'auteur

Spécialiste de la gouvernance des entreprises familiales et auteur d'un essai clinique à l'Insead en 2020 intitulé *En quoi l'urgence environnementale affecte la dynamique émotionnelle entre les familiaux des entreprises familiales*, Julien Lescs est animé par la dynamique émotionnelle de ces systèmes et la psychogénéalogie. Il est également le cofondateur de Kimpa Impact Investing, un multi-family office français qui accompagne des familles entrepreneuriales et leurs family office à structurer une démarche à visée régénérative.

À toutes les familles entrepreneuriales.

Préface

« Le père crée, le fils maintien et le petit-fils dilapide. » Loin d'être une fatalité, la loi des trois générations sonne comme une malédiction pour deux tiers des entreprises familiales qui ne passent pas la génération future. Au fil des années et des rencontres, j'ai pu constater que bon nombre d'entrepreneurs familiaux s'interrogeaient, tout comme moi, sur ce sinistre constat d'échec dans la capacité à transmettre leur entreprise aux générations futures.

Représentant de la troisième génération d'une entreprise familiale pionnière de l'industrie agroalimentaire, je me suis refusé à cette fatalité, prenant très tôt la responsabilité de préparer la gouvernance de la quatrième génération. Je me suis ainsi fixé pour objectif de transmettre à mes enfants un modèle d'entreprise régénératif qui soit à même de répondre aux enjeux de durabilité de leur époque. C'est à ma génération qu'incombe l'impérieuse nécessité d'accélérer les transitions alimentaires, environnementales et sociales au sein – et surtout au-delà – de notre entreprise.

Entreprise de taille intermédiaire (ETI), le siège social d'Olga – anciennement Triballat Noyal – se situe toujours, plus de soixante-dix ans après sa création, dans la maison familiale bretonne de mes grands-parents, Maxime et Olga Triballat, située à Noyal-sur-Vilaine, non loin de Rennes. Il faut revenir en 1951 pour voir mes grands-parents s'installer dans cette petite commune et ainsi reprendre la première fromagerie bretonne, créée en 1874. Leur fils aîné, Hubert Triballat, restera quant à lui à Rians, créant et développant par ailleurs l'entreprise Triballat Rians.

À cette époque, la technologie du froid n'était pas démocratisée, si bien que les entreprises agroalimentaires avaient la responsabilité de subvenir localement aux besoins des populations. On appelait joliment cela un « bassin de vie ». De fait, cette responsabilité sociétale a marqué les prémisses de l'engagement pionnier d'Olga en faveur de son environnement. Dans la continuité de cette vocation, nous en avons fait la raison d'être holistique de l'entreprise : « Être source de vie pour les Hommes et la Planète ».

Olga est devenue veuve à cinquante ans, à la suite du dramatique accident de la route de mon grand-père. Avec courage et détermination, ma grand-mère a poursuivi, seule, l'aventure qu'elle avait initiée avec son mari. En 1955, être femme et cheffe d'entreprise faisait d'Olga une figure du genre ! Cette singularité originelle est encore aujourd'hui pleinement ancrée dans l'ADN de notre entreprise, tant dans notre modèle managérial paritaire que notre index d'égalité femmes/hommes.

En 1964, Olga a transmis son héritage et son savoir-faire à Jean et Françoise Clanchin, sa fille. C'est ainsi que mes parents ont repris le flambeau de cette modeste laiterie de trente-cinq personnes. Bien que nous soyons dans le premier bassin laitier français, le paysage industriel pouvait déjà compter sur le développement de coopératives ainsi que de laiteries bien établies autour des familles Besnier ou Bridel, par exemple. À l'époque, on ne donnait pas cher de la peau de notre petite laiterie familiale ! Mais c'était sans compter sur l'exceptionnel binôme que formaient Jean et Françoise, bien décidés à faire de chaque contrainte une opportunité d'innovation et de création de valeur. Faute de quoi, leur avenir aurait été joué.

Mai 1968 fut un événement pour nous aussi ! Véritable révolution de praticité, la laiterie Triballat a créé, développé et mis sur le marché les premières bouteilles de lait stérilisées simplement fermées par un opercule. Cette innovation a permis à l'entreprise d'aller au-delà de ses frontières locales et d'expédier ses produits par train aux quatre coins de la France.

Nos concurrents finirent par s'équiper du même matériel et notre avantage fut de courte durée. Mes parents en conclurent qu'une innovation trop facile à faire serait tout aussi facile à copier. Cet état d'esprit les amena à chercher ce qui pourrait faire la différence… Et c'est auprès d'agriculteurs se questionnant sur la pratique de leur métier qu'ils trouvèrent la réponse. De ces rencontres passionnées, émergeait une exigence partagée quant à la qualité des matières premières et au respect de la biodiversité. Ainsi furent lancés nos premiers produits bios, en 1975, contribuant à l'écriture du premier cahier des charges de l'agriculture biologique, dix ans plus tard en 1985.

En 1984, la contrainte des quotas laitiers fut une opportunité pour l'entreprise d'explorer de nouvelles alternatives, de nouveaux défis à relever. Forts de premières expériences réussies, en étroite collaboration avec l'ensemble de nos parties prenantes, le lancement précurseur de Sojasun en 1988 marqua le début de notre aventure dans le végétal, ouvrant par la même occasion tout le champ des possibles en matière de transition alimentaire. Cette étape a forgé la posture optimiste et pionnière de l'entreprise : être pour les combats Pour et contre les combats Contre !

C'est dans cette atmosphère très stimulante des années quatre-vingt-dix que j'ai pris mes responsabilités dans l'entreprise, avant d'en assurer la direction générale en 2005. Olga s'est considérablement renforcée depuis, que ce soit en matière d'engagements avec notre certification RSE ISO 26 000 en 2013 et notre participation à la CEC en 2022. Mais aussi en matière de compétences sur nos marchés avec la nutrition sportive et les céréales du petit-déjeuner. La reconnaissance de nos marques Sojasun, Sojade, Vrai, Tante Hélène, La Bergerie de Lozère, Petit Billy, Terres & Céréales, Grillon d'Or et Maison Bordier font la fierté de notre histoire entrepreneuriale.

Cette fierté individuelle et collective, je la dois à mes grands-parents et à mes parents, au terreau fertile sur lequel ils m'ont permis de faire germer de nouvelles graines. La richesse de leur héritage, ce qui peut parfois être vu comme une contrainte à préserver, fut une incroyable opportunité d'explorer de nouveaux modes de management, de continuer à faire grandir l'entreprise dans un esprit collaboratif, et de traverser non sans mal les crises de ces dernières années. La troisième génération que j'incarne nous aura permis de nous renforcer dans nos singularités, forts de dix filières, de 1 200 collaborateurs ; et d'un équilibre à 50/50 entre la bio et le conventionnel, entre le végétal et l'animal, entre la grande distribution française et nos autres marchés.

Parmi les nombreuses rencontres qui jalonnent l'histoire de notre entreprise, celle de Julien Lescs fut sans doute celle qui marqua un véritable point de bascule dans la gouvernance d'Olga. Son approche innovante de la gouvernance familiale nous a redonné les clés de notre propre entreprise à la lumière d'un cheminement théorique et pratique que nous mettons en œuvre au sein d'Olga depuis déjà plusieurs années. Dans ce contexte, je mesure l'honneur qui m'est fait de pouvoir ainsi préfacer son ouvrage.

La méthode de Julien Lescs est basée sur une double approche : la dynamique émotionnelle de la famille entrepreneuriale d'une part, et d'autre part la manière dont ce système familial s'organise pour développer une orientation entrepreneuriale distinctive à chaque génération. Le caractère concret et pratique des cartes que propose Julien permet de naviguer simplement entre différents territoires interdépendants et aussi importants les uns que les autres : nos trois cerveaux que sont la tête, le cœur et les tripes ; et nos quatre territoires d'action que sont l'entreprise, le patrimoine, la famille et les activités entrepreneuriales.

Ces quelques leviers, parmi d'autres, que vous découvrirez au fil de votre lecture, ouvrent un chemin inspirant et ô combien précieux pour toutes les entreprises familiales qui œuvrent à la création de valeurs sur leurs territoires, à la construction d'un modèle social en proximité et responsabilité, à la souveraineté de notre nation tant par son tissu économique que la vertu de ses modes de production. Un futur durable et régénératif est possible !

Je finirai sur une anecdote, remontant à quelques années, où l'on me demanda lequel de mes trois enfants j'allais choisir pour prendre ma suite à la gouvernance de l'entreprise. D'abord surpris, puis mal à l'aise, cette question est aujourd'hui essentielle pour moi, faisant écho à ma raison d'être de dirigeant d'Olga et de père de famille : passer le relais à la nouvelle génération. S'il me reste encore des défis à relever, je peux en revanche d'ores et déjà leur transmettre ce livre, qui nous permettra, ensemble, d'y trouver de premières réponses.

Olivier Clanchin,
actionnaire familial, 3e génération, président d'Olga

Innover pour rester en vie

Près de la moitié des entreprises familiales françaises devront être transmises dans les dix prochaines années, d'après une étude de la BPI[1]. Pourtant, elles sont loin d'y être préparées. 76 % d'entre elles n'ont pas de structure de gouvernance familiale organisée et n'ont ni conseil de famille ni charte familiale pour organiser leur gouvernance. Nos entreprises sont loin derrière les pays anglo-saxons en termes de professionnalisation de la gouvernance familiale, et notamment les États-Unis où, d'après une étude de PwC[2] de 2023, 66 % des entreprises familiales américaines auraient une structure de gouvernance familiale en place. C'est près de trois fois plus que nos entreprises françaises. Et même lorsqu'elles ont une structure de gouvernance organisée, les statistiques montrent que moins d'un tiers des entreprises familiales réussissent à passer le flambeau à la prochaine génération. Ce qui fait qu'après trois ou quatre générations, il n'en reste que quelques pourcents. De plus, selon la même étude, ce taux serait en baisse de 19 %. Ce constat met en lumière le paradoxe suivant : alors que les entreprises familiales sont souvent reconnues pour leur ancrage territorial et une stabilité forte, elles semblent fragilisées lors des phases de transitions et ne semblent pas toujours préparées à relever les défis contemporains.

Imaginez une famille, ancrée dans ses territoires et qui, au fil des générations, a bâti une entreprise familiale performante, possiblement au niveau national voir au niveau international et devenue l'un des fleurons français et européen de son industrie. Elle dispose d'une renommée et d'une réputation remarquable, et pourtant, sous la surface, le système familial est fragile, des conflits sous-jacents s'intensifient. Le dirigeant familial en place a du mal à passer le flambeau. La vision partagée s'effrite ou ne repose que sur les épaules de quelques membres de la famille, et parfois d'un seul. Les dividendes qui permettaient de protéger la génération en place ne pourront plus remplir ce rôle pour la génération à venir qui semble plus dispersée, plus éloignée des racines historiques. La confiance intra familiale est bousculée, la relève n'est pas clairement identifiée, le patrimoine attise des convoitises. L'entreprise fait face à de nouveaux défis, la croissance est plus difficile, les résultats moins bons, les marges de manœuvre plus faibles. Les enjeux liés à la transition climatique bousculent l'entreprise qui doit s'organiser pour relever de nouveaux défis. Le dirigeant en place s'accroche car il souhaite transmettre une entreprise en bonne santé, mais est-il toujours la bonne personne pour relever les défis qui sont devant lui, alors même que la génération suivante ne lui semble peut-être pas encore prête ?

Et si ce scénario n'était pas une fatalité ? Si ces familles disposaient d'un modèle pour se régénérer, génération après génération, pour répondre aux enjeux de leur temps ? Si elles pouvaient continuer à développer leur modèle, avec la nouvelle génération à bord, en construisant des modèles résilients, moteurs de transformation positive et durable ? Cette promesse serait celle d'une famille à visée régénérative que ce livre se propose d'explorer. Il s'adresse avant tout aux membres de ces familles entrepreneuriales à celles et ceux qui souhaitent pérenniser leur modèle d'entreprise tout en renforçant les liens au sein de leur famille. Il s'adresse aux héritiers, aux futurs dirigeants de la prochaine génération qui souhaitent mieux appréhender les enjeux de cette transition de pouvoir au sein de leur famille et qui peut être une période hasardeuse pour tout son écosystème. Il s'adresse à tous ceux qui souhaitent comprendre comment professionnaliser la famille comme ils ont professionnalisé l'entreprise au cours des générations passées. Il s'adresse enfin à tous les conseils, family office, avocats fiscalistes, comptables, médiateurs, coach, consultants en gouvernance familiale qui œuvrent, souvent dans l'ombre, pour aider ces familles à organiser et à structurer l'ensemble de ces problématiques qui sont nombreuses et très hétéroclites, notamment quand il s'agit de les transmettre. Ces dernières sont civiles, fiscales, patrimoniales, mais aussi résolument émotionnelles. Elles nécessitent de la coordination, de la communication, de l'engagement et de la créativité. Et surtout, elles sont dépendantes de la manière dont la gouvernance de la famille a été organisée.

Les académiques qui étudient les entreprises familiales depuis quelques décennies cherchent tous à comprendre ce qui leur permettrait d'atteindre cette résilience à travers les générations. Malheureusement, personne n'a encore trouvé la recette miracle à suivre garantissant un succès répété génération après génération. Et même lorsqu'une famille dispose d'organes de gouvernance robustes, ils ne constituent pas une garantie de transmission réussie. Ce qu'ils ont cependant découvert, et qui se retrouve dans le monde entier, c'est que les entreprises familiales qui arrivent à passer les générations de manière répétée, font toutes quelque chose que les autres ne font pas. Elles développent une orientation entrepreneuriale distinctive à chaque génération[3]. C'est-à-dire que chaque génération est en capacité de reprendre le flambeau en ayant la liberté d'entreprendre et d'innover, tout en répondant aux enjeux de sa génération sans dupliquer simplement les recettes qui ont fonctionné par le passé. Et puisqu'avec les enjeux climatiques et la transition énergétique qui y est associée, tous les modèles d'affaires sont en train de changer, plus que jamais, ces entreprises familiales auront besoin pour survivre, d'une forte dose d'orientation entrepreneuriale pour relever les défis du XXIe siècle.

Les PME et les ETI françaises sont fortement ancrées dans nos régions, dans nos territoires. Cet ancrage territorial s'accompagne souvent d'une réputation forte, et de valeurs reconnues par leur écosystème. Elles sont connues pour leurs activités, les emplois qu'elles génèrent mais aussi pour l'impact qu'elles ont sur leur écosystème, que ce soit par leurs actions philanthropiques ou de sponsoring historique. Cet ancrage vient de quatre capitaux dont elles disposent, le capital financier bien sûr, mais surtout le capital humain, le capital sociétal et le capital réputationnel.

Bien que nos enjeux climatiques soient planétaires, leurs conséquences sont paradoxalement différentes d'une région à l'autre. Nos PME et ETI familiales, ancrées dans leurs territoires, connaissent mieux que quiconque ces défis et sont de fait les mieux placées pour les comprendre, les appréhender et potentiellement contribuer à les relever avec différents leviers. Qu'elles soient sociales ou environnementales, ces entreprises familiales seront demain à l'avant-garde de ce qu'il se fait de mieux en termes de circularité, de structuration de nouveaux modèles d'écosystème, de coopétition et de collaboration. Que ce soit les enjeux liés à nos industries, à l'agriculture, à la gestion de l'eau, des forêts, du développement des territoires, des écosystèmes naturels, nos PME et ETI territoriales sont en première ligne pour adresser ces enjeux systémiques aujourd'hui et qui feront les nouveaux fleurons de nos industries d'ici 2050.

Elles sont pourtant si fragiles et moins nombreuses que chez nos confrères européens. La France[4] compte environ 5 000 ETI[1] quand nos voisins en comptent 12 000 en Allemagne, et 10 000 en Angleterre et en Italie. L'une des raisons est liée à la fiscalité supportée lors de la transmission de ces entreprises et fragilisant ces dernières. Même si le pacte Dutreil a largement contribué à faciliter la transmission en France, elle reste encore assez lourde et amène une triple charge à l'entreprise familiale que ne supportent pas les entreprises non familiales. Elle doit, comme toute entreprise, investir pour rester compétitive sur ses marchés et elle doit à la fois protéger la famille et créer des réserves financières, pour payer la fiscalité liée à la transmission si elle ne souhaite pas vendre pour permettre à la génération suivante de prendre la suite.

Mais comment attirer la prochaine génération dans nos entreprises lorsque celles-ci fonctionnent depuis plusieurs générations sur un modèle extractif ? Modèle qui consomme chaque année 1,7 fois plus de ressources que ce que notre planète est capable de régénérer. Un modèle régénératif, serait *a minima* un modèle à l'équilibre, qui ne consomme pas plus que ce qu'il extrait. Ce n'est donc ni la RSE[2] basée sur les fameux critères ESG[3], ni la CSRD[4], directive européenne de 2021, qui impose un processus réglementaire de reporting aux entreprises sur le développement durable qui permettra d'initier cette bascule de manière pérenne. Mais quand bien même nous pourrions estimer qu'à titre individuel, une entreprise familiale a déjà un impact sociétal important, ne serait-ce que par les

1. Ici, nous nous concentrons sur les ETI pour comparer entre les pays, les données étant plus fiables qu'entre PME.
2. Responsabilité sociétal des entreprises.
3. Environnementaux sociétaux et de bonne gouvernance.
4. *Corporate Sustainability Reporting Directive.*

emplois maintenus en France, les fournisseurs et les sous-traitants qui dépendent d'elle ainsi que les associations qu'elle accompagne depuis de nombreuses années. Quand bien même, comment peut-elle attirer la nouvelle génération d'actionnaires familiaux au conseil d'administration ou à sa tête alors même que celle-ci contribue à sa façon au système en place ? Un système basé sur une économie extractive contribuant année après année au dépassement successif des neuf limites planétaires telles que définies par les scientifiques spécialistes des enjeux climatiques. Cela fait dix mille ans que les conditions d'équilibre existent sur notre planète et ont permis de développer l'humanité. Dix mille ans que les températures se sont stabilisées pour permettre à la vie sur terre de se développer jusqu'à notre ère actuelle, celle de l'anthropocène. Une nouvelle ère géologique qui marque l'influence majeure des hommes sur la planète. Une ère où l'empreinte humaine est devenue une force telle qu'elle a le pouvoir de changer l'équilibre des écosystèmes naturels, le pouvoir de transformation environnemental par le réchauffement climatique dû à l'augmentation des gaz à effet de serre dans notre atmosphère, l'impact sur la perte massive de biodiversité et la production de pollution à grande échelle : plastiques, métaux lourds, produits chimiques disséminés dans notre environnement.

L'ensemble de ces impacts commence à influer sur nos entreprises. Les matières premières se raréfient et impactent fortement les modèles économiques de production. Le coût de l'énergie réduit les marges et contribue à l'inflation. Les enjeux réglementaires imposés aux entreprises sont vécus aujourd'hui comme des contraintes additionnelles qui créent des problèmes de compétitivité internationale avec les pays qui ne s'imposent pas de contraintes sociales et environnementales. Les perturbations climatiques extrêmes impactent progressivement toute la chaîne logistique avec des risques de ruptures sur des matières premières ou des produits stratégiques. Certains modèles d'affaires s'approchent de leur obsolescence due à leur modèle fortement émetteur de CO2. La demande est en train d'évoluer, les marchés publics imposent des normes de plus en plus difficiles à suivre par les entreprises qui n'arrivent pas à transitionner leur modèle historique vers un nouveau modèle plus durable. Les ETI et PME doivent s'adapter rapidement pour saisir les opportunités que crée cette transition sinon elles auront du mal à rester compétitives. Malheureusement, elles n'y sont pas toujours préparées, engluées dans les crises successives qui depuis près de quinze ans sont devenues la norme. Les crises ne sont plus des exceptions, elles font partie ou doivent faire partie du modèle économique.

Alors comment attirer la nouvelle génération à bord de ces entreprises familiales, ancrées dans leurs territoires depuis plusieurs générations ?

Pour ne plus revivre ces épisodes douloureux de notre histoire, nos pays européens ont fait la paix au cours du xxe siècle et ont dessiné un modèle de société basé sur la sécurité amenant à la construction de l'union européenne, de nombreux accords de libre-échange, mais aussi beaucoup de réglementations et de contraintes pesant sur notre économie. La gestion de la crise du Covid est un bel exemple de la puissance de l'inconscient collectif qui a poussé notre civilisation dans cette direction. Ce modèle devait apporter paix et sécurité, il y est probablement arrivé en partie, mais en partie seulement. L'instabilité internationale n'a jamais été aussi forte depuis plusieurs décennies, les crises économiques s'enchaînent et les nouvelles générations ne rêvent plus d'une belle carrière dans une grande société sécurisante dans lesquelles ils ont observé leurs parents enchaîner soit les burn-out, soit les plans de départs pour maintenir la profitabilité attendue par la bourse. Il semble que les nouvelles générations soient en recherche d'un autre idéal pour leur avenir. Et celui-ci pourrait s'inscrire autour de la théorie du Donut et de la capacité de cette génération de relever les défis sociaux et environnementaux.

Mais l'entreprise familiale n'est pas à confondre avec la famille entrepreneuriale. Elle n'en constitue qu'une partie : un cercle parmi les trois que sont l'entreprise, les actionnaires et la famille. C'est l'interaction entre ces trois cercles qui complexifie le travail de structuration, d'organisation et de gouvernance, afin que la famille soit la plus efficace possible. La gouvernance désigne l'ensemble des règles, des processus que choisissent des organisations pour prendre des décisions, organiser le cadre de fonctionnement de leurs structures. Lorsqu'elle est familiale, elle prend en compte des collectifs différents, ceux de la famille, ceux des actionnaires et ceux de l'entreprise. Ces trois cercles pouvant être régulièrement en conflit d'intérêts, les enjeux de gouvernance sont stratégiques notamment lorsque la dynamique émotionnelle rajoute une couche de complexité à l'ensemble.

Ce livre propose un modèle de gouvernance régénérée, une carte, à travers laquelle naviguer et permettant de développer cette orientation entrepreneuriale distinctive à travers les générations. Il aborde les enjeux de la gouvernance de l'entreprise, et sa capacité à basculer d'un modèle extractif vers un modèle à visée régénérative. Il explore les enjeux du patrimoine, et notamment sa capacité à ne pas être soumis à la réussite de l'entreprise, et bien au contraire se construire en interdépendance de celle-ci afin de pouvoir répondre aux enjeux de la famille mais également de l'entreprise et des activités entrepreneuriales quand cela est nécessaire. Il suggère de développer des activités entrepreneuriales à différents niveaux du système, que ce soit dans le cercle de l'entreprise ou celui de la famille actionnaire. Enfin, il aborde la famille à travers sa part d'ombre au sens jungien du terme, celle qui est présente dans tout système psychodynamique et qu'il convient d'appréhender, de comprendre pour continuer l'aventure en famille.

Cette carte est composée de deux parties. La première est la colonne vertébrale du système. La seconde est constituée de quatre territoires d'actions. La colonne vertébrale est composée de trois groupes. D'abord, le récit familial. C'est la manière dont une famille raconte son aventure entrepreneuriale parfois depuis plusieurs générations. Le connaître et le redécouvrir en famille est l'une des clés pour comprendre d'où l'on vient, qui l'on est et connecter avec les valeurs les plus profondes de son histoire. La double courbe de vie est l'outil de gouvernance que je vous propose pour redécouvrir votre récit en famille avant de le projeter à la génération suivante. Ensuite, la confiance intra familiale. Elle est le cœur d'une famille. Lorsque celle-ci est élevée, tout est plus simple et tout va plus vite. Lorsqu'elle est endommagée, tout est plus compliqué et source de conflits. Cet ouvrage suggère une formule de la confiance pour aider à mieux comprendre comment celle-ci évolue et peut s'améliorer ou se détériorer au sein d'une famille entrepreneuriale. Enfin, la vision régénérative, basée sur les quatre capitaux traditionnels d'une famille entrepreneuriale, le financier, l'humain, le sociétal et le réputationnel, permet de construire le cap pour la prochaine génération en y intégrant les enjeux générationnels que nous venons d'évoquer.

La seconde partie propose quatre territoires d'actions afin d'organiser la gouvernance au sein du système familial en fonction des problématiques abordées. L'entreprise est le premier territoire bien sûr, et ses enjeux de gouvernance seront liés à sa capacité à structurer les organes de gouvernance appropriés en y intégrant les enjeux sociaux et environnementaux pour lui permettre d'initier la bascule de son modèle actuel vers un modèle que la convention des entreprises pour le climat décrit comme à visée régénérative. Le second territoire est celui des activités entrepreneuriales, celui qui permet de garder l'orientation entrepreneuriale de la famille active et source de régénération. Le troisième est celui du patrimoine. Nous aborderons ce territoire sous l'angle de sa capacité à passer d'une situation de dépendance à une situation d'interdépendance avec l'entreprise familiale afin de permettre à l'entreprise de ne pas avoir à supporter seule à la fois la capacité d'innovation de son modèle, mais aussi la sécurité de ses actionnaires et le coût de la transmission. Enfin, le dernier territoire et probablement le plus complexe, celui de la famille et de sa part d'ombre, qu'il convient d'accepter, de comprendre et de faire évoluer. L'enjeu ici est de comprendre la dynamique psychologique du système familial et comment elle influence l'ensemble du système et ses décisions les plus importantes.

Ce *trivium* et ce *quadrivium* sont tous interconnectés. Il est possible de passer de l'un à l'autre pour accompagner les problématiques nombreuses que doit affronter une famille entrepreneuriale au cours de son histoire. Chaque partie vous propose des outils, vous partage des points de vue, des exemples observés depuis près de quinze ans, auprès de ces systèmes familiaux. Vous y trouverez également quelques témoignages.

La forme de cette carte n'est pas anodine, elle est inspirée de l'homme de vitruve, de Léonard de Vinci, dessin réalisé en 1490 au sein d'un traité d'architecture. Il est célèbre pour la réalisation des proportions parfaites du corps humain, inscrit dans un cercle et dans un carré. Le cercle dans un carré, c'est l'énigme de la quadrature du cercle. Celle que toute famille entrepreneuriale essaie de réaliser au cours de sa génération. Le cercle représentant le monde des émotions, de l'innovation et de la communication qui prennent une place importante dans la dynamique familiale. Le carré est plus pragmatique et s'attache aux objectifs, à la structure, aux règles et à la performance des entreprises ainsi que des membres de la famille. À l'instar des bâtisseurs de cathédrales, qui ont construit, reconstruit, amélioré et fait évoluer ces monuments, les familles entrepreneuriales bâtissent à chaque génération le récit de leur famille avec à la fois une dose d'innovation mélangée à la mémoire de leur histoire. Cette carte permet de naviguer à travers l'ensemble de ces territoires et tente de percer le mystère de la quadrature du cercle de chacune de ces familles entrepreneuriales. Bonne Lecture !

LA FAMILLE À VISÉE RÉGÉNÉRATIVE

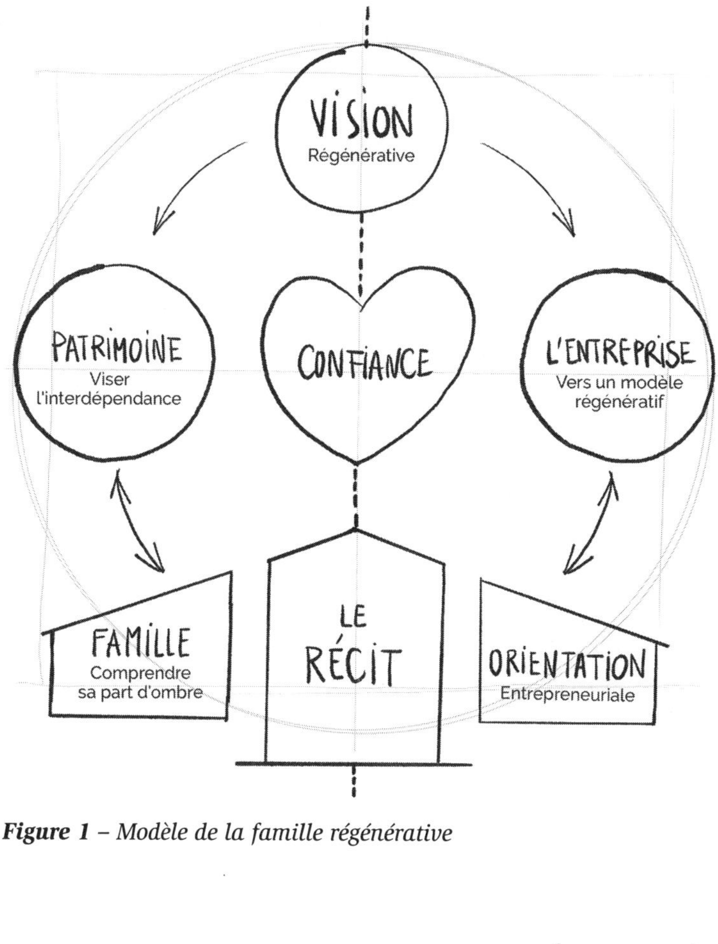

***Figure 1** – Modèle de la famille régénérative*

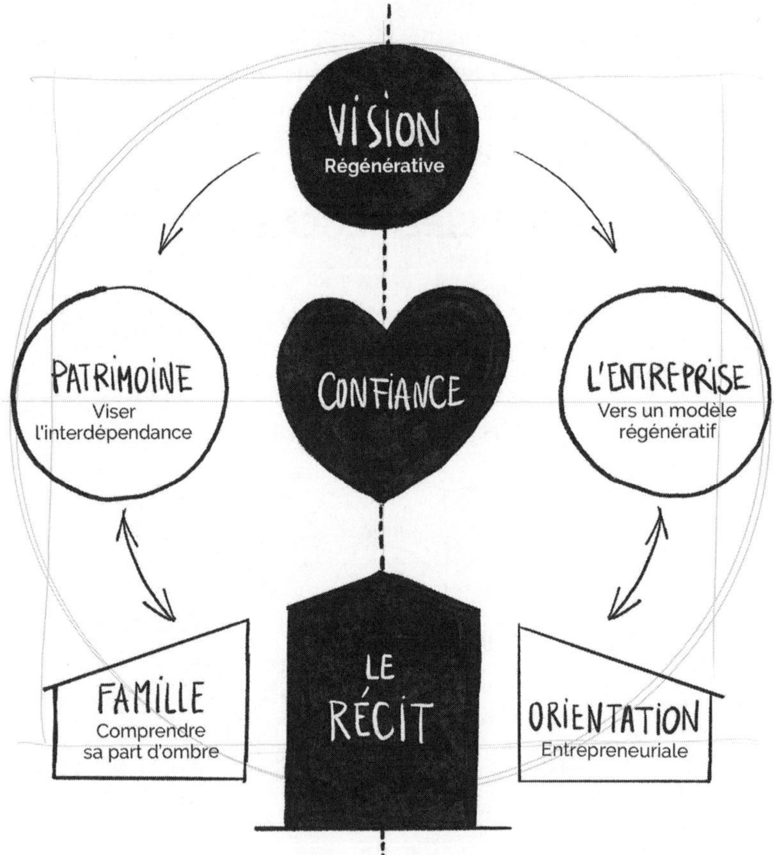

***Figure 2** – La colonne vertébrale*

LA COLONNE VERTÉBRALE DE LA FAMILLE « RÉGÉNÉRATIVE »

« Il est plus facile de voir le pôle Nord que de voir sa propre colonne vertébrale »
Gilbert Keith Chesterton

La colonne vertébrale de la famille à visée régénérative est constituée de trois territoires d'actions : le récit de la famille, la confiance intrafamiliale et une ambition régénérative.

Ces trois territoires sont traditionnellement gouvernés par le conseil de famille et ses comités.

Sa dynamique est résolument émotionnelle et nécessite un travail individuel et collectif sur le temps long que peu de familles entreprennent.

Cette partie propose des outils spécifiques pour chaque territoire : la double courbe de vie, la formule de la confiance et la vision et ses quatre capitaux (financier, sociétal, humain et réputationnel) pour structurer les bases d'une bonne gouvernance familiale.

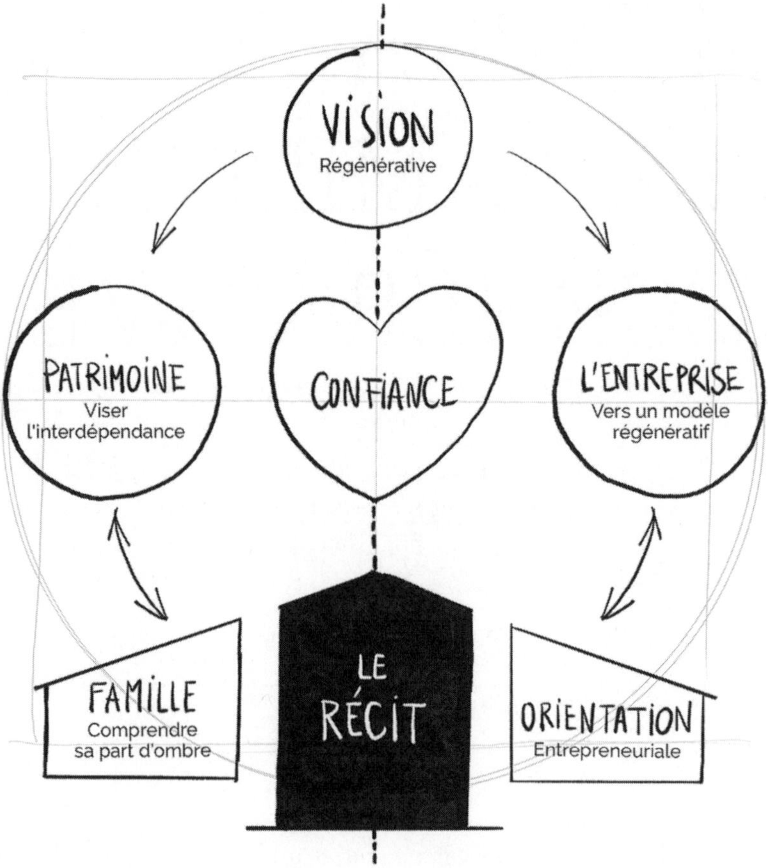

***Figure 3** – Le récit*

CHAPITRE 1

Le corps : le récit familial

« Le récit n'est plus l'écriture d'une aventure, mais l'aventure d'une écriture. »
Jean Ricardou

Executive summary

- Le récit est à la fois l'histoire et le futur de la famille, et il renferme des trésors insoupçonnables qui se transmettent à différents niveaux de la famille.
- Temple des racines de la famille, il héberge son histoire, ses réussites, mais aussi ses conflits où la question de l'amour conditionnel ou inconditionnel en est l'une des clés.
- L'outil pour l'appréhender est une courbe de vie. C'est un outil collaboratif capable de rassembler toutes les générations de la famille pour redécouvrir son histoire et se connecter avec ses valeurs.

LA TRANSMISSION

C'est la quadrature du cercle de toutes les histoires des familles entrepreneuriales : transmettre ce que l'on a reçu. Mais que transmet-on ?

Il y a différentes dimensions qui sont concernées par la transmission. L'histoire de la famille, constituée de son récit, en est la première pierre. Ce récit est composé de deux dimensions : l'histoire spécifique de l'entreprise familiale et celle de la famille qui a bâti la sienne, souvent à travers elle. Lorsque l'on aborde la transmission, l'une des clés est donc de comprendre ce qui se transmet à travers les trois cercles (entreprise, actionnaires, famille) et quels enjeux sont liés dans chacun d'eux.

Dans le cercle entreprise

Dans ce cercle, la transmission se joue sur différents champs. Il y a bien sûr sa propre histoire, ses actifs financiers et traditionnellement son ou ses métiers, une passion d'entreprendre, des compétences, un nom et parfois des marques, des valeurs, des hommes et des femmes. Est transmise également une culture d'entreprise distinctive, souvent plébiscitée par les salariés de l'entreprise lorsque l'on arrive dans les phases de transitions de gouvernance.

Mais ce qui est transmis avant tout, c'est une responsabilité et la charge émotionnelle qui y est associée. Une responsabilité de passeur, de ceux qui reçoivent et qui devront transmettre. Cette charge émotionnelle, car c'est parfois la manière dont elle est vécue, peut prendre une place très importante dans la dynamique familiale, parfois trop, bousculant le système familial dans sa dynamique émotionnelle, et notamment dans sa capacité à donner envie à la nouvelle génération de rejoindre l'entreprise familiale. Plusieurs facteurs entrent ici en jeu : le devoir envers la famille, le désir de leadership et un facteur identitaire, parfois lié aux enjeux générationnels. Et si l'enjeu générationnel du XXe siècle était la paix liée aux deux guerres mondiales que nos civilisations occidentales ont vécues, celui du XXIe siècle pourrait être lié aux enjeux planétaires.

Mais l'enjeu le plus important de ce cercle est la transmission du leadership de l'entreprise, notamment lorsque celle-ci est dirigée par un membre de la famille depuis plusieurs générations. Ce leadership impose des compétences, de l'expérience et, souvent, de prendre le pouvoir au sein de sa génération mais également face à la génération précédente. Les enjeux de la gouvernance de l'entreprise sont évidemment multiples, et bien différents en fonction de la taille de l'entreprise elle-même. Ces enjeux sont aussi fortement liés au cercle des actionnaires familiaux avec lequel le pouvoir de cette gouvernance est généralement partagé.

Dans le cercle des actionnaires

Lorsque l'on se positionne au niveau de ce cercle, les éléments de transmissions sont également multiples, notamment parce que les enjeux de ce cercle ne concernent pas uniquement les enjeux de l'entreprise familiale. Les actionnaires disposent souvent d'actifs diversifiés impliquant d'organiser les enjeux civils, fiscaux et patrimoniaux des différentes parties prenantes.

La vision de la famille entrepreneuriale en est la pierre angulaire, son récit lui est propre, et ses responsabilités souvent nombreuses car elle dispose de quatre capitaux distinctifs à transmettre : le capital financier bien sûr, mais également le capital humain, à savoir celui de la famille et des collaborateurs de ses entreprises, le capital sociétal qui renferme l'impact social et environnemental de ses entreprises et enfin leur capital réputationnel.

Ce cercle est également celui de la transmission de la gouvernance actionnariale de la famille. Cette gouvernance dispose de niveaux de maturité et de professionnalisation très différents en fonction des familles.

Dans les familles les mieux organisées, c'est une véritable plateforme qui est transmise aux actionnaires, disposant d'une organisation spécifique permettant de piloter l'ensemble des actifs tangibles et intangibles de la famille, de structurer différents types d'investissements et d'organiser les enjeux civils, fiscaux et patrimoniaux de leurs membres. Ces derniers génèrent un dilemme intéressant à investiguer lorsque l'on navigue dans ce cercle : transmettre avec égalité ou avec équité.

En effet, l'égalité intervient au niveau de la détention des parts de l'entreprise. Cette égalité fonctionne souvent par branche mais disparaît quasi systématiquement au niveau des générations dès la troisième, puisqu'il est rare que les différentes branches de la seconde génération aient le même nombre d'enfants. J'ai le souvenir de cette famille, composée de sept branches, et dans laquelle l'une d'elles avait malheureusement eu beaucoup de décès et peu d'enfants, pendant qu'une autre était dans une situation inverse, avec beaucoup d'enfants et des membres qui vivaient au-delà de 90 ans. Les conséquences sur l'égalité dans cette famille, composée de plus de cinquante actionnaires familiaux, sont illustrées aujourd'hui par un fait marquant : le nouveau président de l'entreprise familiale est également le plus petit actionnaire de la famille. Ce modèle empirique de transmission du capital peut générer une dynamique émotionnelle complexe génératrice de conflits intra familial.

C'est ici que la notion d'équité entre en jeu. Grâce à une organisation du cercle actionnarial professionnalisé, la famille actionnaire est en mesure de bâtir une plateforme permettant aux actionnaires familiaux d'accéder, sur un principe d'équité plutôt que d'égalité, à une partie des capitaux de la famille. Par exemple, dans le cadre de priorités au sein des bourses d'échange d'actions. En effet, lorsque le capital familial se transmet de manière égalitaire, une dynamique de branche peut se mettre en place. Il n'est pas rare de voir émerger, en fonction du nombre d'enfants de chacune d'entre elles, des actionnaires exécutifs, dirigeants possiblement l'entreprise, mais détenant moins d'actions que leurs cousins qui peuvent ne pas travailler. Si une bourse d'échange d'actions existe entre les actionnaires familiaux, c'est-à-dire des fenêtres permettant à des actionnaires de choisir de sortir du capital avec des conditions pré négociées, il peut être intéressant de réfléchir aux priorités d'accès à cette bourse d'échange. Est-ce que les actions sont accessibles au prorata de votre détention ? Ou est-ce qu'un système de priorité est structuré à l'avantage de ceux travaillant dans l'entreprise, afin de leur permettre de remonter au capital ?

Un autre exemple consiste à pouvoir donner accès aux membres de la famille à des poches d'investissement en dehors du cercle de l'entreprise pour bâtir de nouveaux projets entrepreneuriaux. En effet, les futurs entrepreneurs talentueux de la famille ne viennent pas toujours des branches les plus dynamiques. D'une certaine façon, la roue tourne.

La transmission de la gouvernance dans ce cercle reste l'élément le plus stratégique, notamment la façon dont y sont nommés structurellement les dirigeants.

Dans le cercle de la famille

Dans le cercle familial, plusieurs champs sont touchés par la transmission : les valeurs, l'histoire, les traditions, les émotions.

Les premiers éléments évoqués tournent souvent autour des valeurs dites fondamentales et qui peuvent être multiples dans une famille : souvent morales, éthiques ou spirituelles, chaque famille dispose de son propre schéma. Ces valeurs nécessitent, pour être une force pour la famille, d'une confiance relativement robuste au sein du système, car cette confiance est le socle permettant la transmission au risque d'être soit mal comprise ou tout simplement rejetée.

Le système familial transmet également des éléments de protection et de liberté. D'un côté, la protection des membres de la famille, notamment des plus jeunes, leur permettant de se développer dans un environnement sécurisant. De l'autre, la notion de liberté, laissant la possibilité à chaque membre de la famille de forger sa propre identité à partir d'un socle commun (valeurs, récit et responsabilité familiale), permettant de s'en détacher si nécessaire sans rejeter le système dans sa globalité.

Ce système transmet également souvent un nom, symbole de continuité mais également d'appartenance à une histoire lorsqu'il est le même que l'entreprise familiale, ou lorsqu'il est renommé au sein d'une communauté, d'une région, et parfois d'un pays, d'une industrie ou internationalement. Il peut représenter un poids non négligeable pour ceux qui le portent. Il n'est d'ailleurs pas rare de voir certains s'en détacher lorsqu'ils le peuvent. Attachés à ce nom et à cette famille, se transmettent les récits, les secrets de la famille, des événements marquants et parfois des légendes qui peuvent façonner l'identité d'une famille et de ses représentants.

Dans le cercle familial, la transmission repose avant tout sur la dynamique émotionnelle. Les familles transportent avec elles beaucoup de joie mais aussi des peines, parfois des conflits qui peuvent se répéter et se transmettre d'une génération à l'autre. Nous évoquerons la notion du « transgénérationnel » en évoquant l'outil de psychogénéalogie, le génogramme, dans la partie 2, car ces conflits puisent parfois leur énergie au travers de secrets de famille, dont l'impact non dévoilé aux générations suivantes peut affecter considérablement la dynamique familiale.

Ces systèmes émotionnels amènent naturellement à se questionner sur la manière dont l'amour et la reconnaissance se transmettent. Et dans le cadre de familles entrepreneuriales, la question suivante est parfois stratégique : l'amour dans cette famille est-il conditionnel ou inconditionnel à la participation des membres de la famille au projet familial ? Cette question vient toucher l'inconscient collectif de ces familles, car il est rarement nommé, mais l'enjeu est parfois de taille et notamment pour la génération à venir. La plupart des familles avec lesquelles j'ai eu la chance de travailler ont toutes, sans exception, dit à leurs enfants qu'ils étaient libres de faire ce qu'ils souhaitaient, et que l'entreprise familiale n'était pas une obligation. Mais cette liberté est-elle véritablement inconditionnelle à l'amour de la génération précédente ?

Dans ce contexte de transmission, comment le récit de la famille, passé et à venir, peut être la clé de voûte d'une famille à visée régénérative ?

LE RÉCIT FAMILIAL

Pourquoi continuer l'aventure en famille ?

Cyril Dion[5], écrivain et réalisateur engagé, a exploré dans ses ouvrages la puissance des récits pour catalyser la transformation durable de nos modèles de société. Il évoque notamment les choix que nous pouvons faire pour construire les récits qui façonneront le monde dans lequel nous vivrons demain.

Les entreprises familiales représentent entre 60 % et 80 % des entreprises de la plupart des pays dans le monde[6], près de 50 % des emplois et entre 50 % et 70 % du PIB mondial. Ainsi, la manière dont les prochaines générations vont écrire leur prochain récit pourrait influencer profondément la construction des nouveaux modèles de société de demain.

Et si, comme nous l'avons vu précédemment, ce qui permet à une entreprise familiale de traverser les générations, c'est sa capacité à développer une orientation entrepreneuriale distinctive à chaque génération. Ainsi, l'enjeu des générations actuelles est de permettre aux futures de bâtir la suite du récit familial, en étant capable de répondre précisément aux défis spécifiques de leur temps.

L'objectif ici n'est pas de stigmatiser les entreprises familiales sur leurs externalités négatives, ou bien de se focaliser sur celles qui naviguent dans les industries les plus polluantes. Au contraire, la force du récit de ces familles est d'agir en responsabilité, grâce à leurs quatre capitaux (financier, réputationnel, humain et sociétal) pour qu'elles puissent continuer l'aventure en famille avec la prochaine génération à bord. La force de la famille est ici de bâtir une vision attractive dont la contribution permettra d'alimenter le récit familial.

J'ai la conviction que nos sociétés occidentales ont bâti leur récit au XXe siècle sur la croyance que protéger et apporter de la sécurité à leurs habitants était leur responsabilité. C'est ce récit qu'elles ont bâti après les deux guerres mondiales du siècle dernier. Cela a conduit à la création de l'Union européenne, à la structuration de nos modèles de protection sociale, ainsi qu'à l'organisation de la gestion de la crise du Covid. Elles ont en partie réussi, mais ce récit a une part d'ombre à laquelle nos générations actuelles font face : les modèles économiques que nous avons bâtis ne sont plus pérennes car ils sont basés sur une planète avec des ressources infinies. Or elles ne le sont pas ; nous dépensons chaque année l'équivalent de 1,7 planète. Notre récit doit évoluer si nous souhaitons changer notre système.

La Family Business Network, organisation mondiale qui regroupe des entreprises familiales dans plus de soixante-cinq pays dans le monde, a récemment structuré une initiative, *Polaris*, conjointement avec les Nations unies et dont le but est d'accompagner leurs membres dans leurs engagements responsables. Alors pourquoi continuer l'aventure en famille ? Parce que grâce à ses quatre capitaux, l'entreprise familiale est une formidable plateforme pour les générations à venir de continuer à construire le récit familial en répondant aux grandes tendances sociétales qui sont nécessairement plus durables.

Le concept de récit, berceau de l'histoire familiale

Le récit familial regroupe l'ensemble des histoires, des anecdotes, des événements vécus, partagés et transmis au sein de la famille. Il est essentiel à ces familles, car il structure la mémoire collective, il en lie les membres autour d'un héritage et d'un passé collectif, et il détient les racines de l'identité familiale.

Le récit est souvent constitué d'éléments fondateurs qui expliquent d'où viennent la famille et les combats qu'elle a menés qui ont amené à la création de l'entreprise familiale. Un mariage, une guerre, un échec, un concours de circonstances, un conflit de famille, ces histoires sont toutes authentiques et différentes. Elles hébergent très souvent une partie des valeurs fondamentales de ces familles. Ces récits renferment aussi des anecdotes, qui ont parfois plusieurs vérités et une vision plus intime de ces familles, mais également des mythes, parfois exagérés. Ils viennent justifier une partie de l'histoire et des choix que la famille a affrontés. Ces récits sont transmis de plusieurs manières. Ils sont racontés entre les générations et écrits sur différents types de supports : un livre, une charte, un journal, des albums qui regroupent des documents publics comme des actes de naissance, des actes de vente, des contrats de mariage.

Une partie de l'histoire est régulièrement omise, ce que l'on appelle le silence ou les oublis du récit, soit parce qu'elle est source de conflits, soit parce que sa part d'ombre est émotionnellement trop lourde à porter ou à transmettre. De nombreuses entreprises familiales cachent, dans le silence de leur récit, des parts sombres de leur histoire, souvent omises, arrangées ou oubliées, notamment pendant les périodes de guerre. Une partie de cette part d'ombre peut renfermer également des conflits de famille, qui ont pu occasionner parfois des ruptures plus ou moins importantes au sein même de ces familles, mais également des éléments de réconciliation qui viennent illustrer leurs capacités de résilience notamment dans celles qui dépassent la quatrième génération. En effet, les familles les plus anciennes renferment plusieurs histoires familiales successives dans leur récit, qui forment des cycles qu'il est intéressant de redécouvrir pour aider la famille à comprendre qui elle est, d'où elle vient et où elle va.

Chaque génération a besoin de comprendre son histoire, de se l'approprier et de l'adapter à sa génération pour construire sereinement son avenir car la dynamique émotionnelle qui y est attachée n'échappe pas à celui-ci. Ce qui a été vécu, les joies, les peines, les naissances, les décès, les ruptures, les conflits sont autant d'éléments dont le récit façonne la dynamique de la famille et en constitue d'une certaine manière le terreau de ses valeurs fondamentales. Comprendre qui l'on est et savoir d'où l'on vient collectivement sont des éléments essentiels pour renforcer les racines d'une histoire et s'engager à écrire la suite.

Il existe bien entendu une multitude d'exercices et d'outils pour connecter avec le récit de sa famille. Un outil que j'affectionne particulièrement, et que j'utilise dans les familles qui structurent une démarche à visée régénérative, est celui de la (double) courbe de vie.

L'outil
La (double) courbe de vie

Cet outil est composé de deux courbes : celle de la vie de l'entreprise familiale et en parallèle celle de la dynamique émotionnelle de la famille. Il s'utilise généralement avec l'accompagnement d'une personne extérieure à la famille, un animateur, qui pourra notamment aider cette dernière à connecter avec ses valeurs fondamentales à travers son récit.

Créer le contexte

Tout travail de gouvernance familiale est avant tout résolument émotionnel, et quel qu'il soit, il aura souvent comme conséquence de venir altérer le récit familial. C'est la raison pour laquelle j'utilise cet outil assez tôt et quasiment de manière systématique avec les familles que j'accompagne. Après les traditionnels entretiens individuels nécessaires pour un consultant afin de connecter avec chacun des membres de la famille et comprendre son théâtre familial, s'organise généralement une étape de travail collectif et de restitution qui peut prendre la forme d'une retraite familiale. C'est un moment idéal pour organiser en marge de ce type d'événement l'exercice de la (double) courbe de vie.
Elle peut avoir lieu dans une salle de réunion comme autour d'un moment de convivialité. Personnellement, je trouve que ce qui fonctionne le mieux, c'est d'allier le lieu et le moment de convivialité qui soit le plus en adéquation avec la dynamique émotionnelle de la famille.
Dans la maison familiale, autour d'un apéritif, près d'un feu ou dans une salle de réunion, assis ou debout, à cinq ou à une trentaine de participants, le lieu et le contexte seront ceux qui ressemblent le plus à la famille. Le « où » et le « quand » sont donc essentiels pour créer le contexte approprié, mais il reste un élément essentiel, avec qui ? En effet, cet exercice a la particularité de pouvoir s'ouvrir aux plus jeunes

comme au plus anciens, mais également aux conjoints. Là encore, le contexte familial permet de choisir le bon collectif, voire de répéter l'exercice avec différentes « populations » de la famille et dans des contextes différents.
Chaque famille choisit son format, et il sera différent en fonction de sa taille, de son histoire, notamment du nombre de générations qu'elle comporte. Jusqu'à quinze participants, le format idéal est autour d'une table, plutôt debout qu'assis, avec des feuilles de paperboard attachées les unes aux autres (deux ou trois maximums), quelques marqueurs de plusieurs couleurs et quelques boissons. J'ai l'habitude dans ce genre de contexte de donner les marqueurs aux plus jeunes de la famille car ils vont pouvoir inscrire le récit de la famille à mesure qu'il est conté souvent par les plus anciens, et cet exercice vient « ancrer » le récit. C'est une forme de transmission aux nouvelles générations. Au-delà de quinze participants, le format sur table ne fonctionne pas, il devient nécessaire de passer en format tableau et nécessite un pan de mur.
Enfin, définir la durée est essentiel : si elle est trop courte elle peut être frustrante en fonction des histoires, car leurs densités et leurs richesses pourraient nécessiter plusieurs séances, ou d'approfondir l'exercice, ce que font d'ailleurs certaines familles. Néanmoins, le temps idéal de l'exercice pour une famille se situe entre une heure trente et deux heures maximum.

Les règles du jeu

La courbe de vie est composée d'une ordonnée et d'une double abscisse. L'ordonnée représente l'axe du temps, depuis la création de l'entreprise jusqu'à aujourd'hui. La double abscisse va permettre de tracer deux courbes parallèles. Elles représentent l'histoire de l'entreprise et de la famille entrepreneuriale et sont à la fois factuelle et émotionnelle. La première courbe permettra de symboliser la réussite de l'entreprise depuis sa création jusqu'à nos jours. Pour cela, il conviendra de choisir une unité de mesure de cette réussite. Les chiffres n'ont pas besoin d'être précis, ce sont les ordres de grandeur qui nous intéressent ici. Des familles choisissent traditionnellement le chiffre d'affaires, ou des éléments de rentabilité, mais je les guide souvent pour qu'elles choisissent une autre unité de mesure : le nombre d'employés, le nombre de points de vente, le nombre de tonnes produites, le nombre de métiers, le nombre d'entreprises. Certaines familles, de par leur business model, ont choisi le nombre de camions, le nombre de bouteilles vendues, le nombre de pays dans lesquels elles opèrent. L'enjeu de cette courbe est de pouvoir symboliser le passage à l'échelle du modèle, c'est-à-dire les périodes de forte

réussite et d'accélération. À mesure que cette courbe est tracée, on indiquera les éléments clés du récit de l'entreprise.
La seconde courbe est celle de la famille. Elle indique sur la même courbe du temps que la courbe précédente, la dynamique de la famille en parallèle de celle de l'entreprise. Elle va pouvoir indiquer à quel moment les membres de la famille intègrent l'entreprise, des moments de joies mais également des moments de peines comme par exemple la disparition du fondateur historique, mais également des conflits qui ont pu avoir lieu dans la famille ou des épreuves qu'elle a pu vivre.

L'animation et le but

La famille se retrouve donc autour de ce support, et commence à raconter l'histoire. C'est souvent l'endroit où les plus anciens mènent la danse, et se contredisent. Oui, ils se contredisent car ils sont presque toujours en désaccord sur une partie du récit, les dates ou certains contextes au grand bonheur des générations plus jeunes, qui découvrent presque systématiquement de nouveaux éléments de l'histoire de leur famille. C'est là toute la puissance du récit, et que le rôle de l'animateur devient déterminant, car il va revenir sur les moments clés du récit, clarifier, résumer et chercher à comprendre quelle était la dynamique de la famille dans les moments importants de l'histoire, en répondant, par exemple, aux questions suivantes :

- Dites-nous ce qu'il se disait à table le soir à cette période ?
- Comment s'est passée votre arrivée dans l'entreprise familiale ?
- Que s'est-il passé lorsque vous avez compris que le succès s'accélérait ? Quelle était la dynamique familiale ?
- Racontez-nous les premiers pas à l'international ?
- Qu'est-ce qui a changé lorsque l'entreprise est rentrée dans cette période de crise ?
- Quelle était la dynamique dans votre fratrie lorsque vous vous êtes séparés avec les autres branches de la famille ?
- Étiez-vous au courant (sous-entendu, vous la *now* ou la *next gen*) de cette partie de l'histoire ?

Si vous souhaitez continuer cet exercice par un exercice de vision, il peut être opportun de poser la question suivante : « Si vous devez maintenant compléter cette courbe et la projeter sur la prochaine génération, à quoi ressemblerait-elle ? »

Comme vous pouvez le constater sur le schéma suivant utilisé comme exemple, les courbes se croisent et la dynamique de la famille symbolisée par la courbe émotionnelle n'est pas toujours parallèle avec la courbe de vie de l'entreprise. Au contraire, elles se croisent, ce qui permet de montrer aux futures générations que la famille a toujours traversé des épreuves plus ou moins joyeuses ou douloureuses et que cela fait partie de son histoire. Le but de l'exercice est de permettre à la famille de reconnecter avec ce récit familial. Cela la place dans une position de transmission. En racontant son histoire, la famille façonne son identité et relie les générations entre elles, donnant du sens et de l'ambition à ses individualités. L'exercice permet également, sans que cela soit demandé, de faire émerger les valeurs fondamentales de telle sorte qu'il peut être extrêmement approprié de réaliser cette double courbe en marge d'un travail sur les valeurs ou sur la vision de la famille.

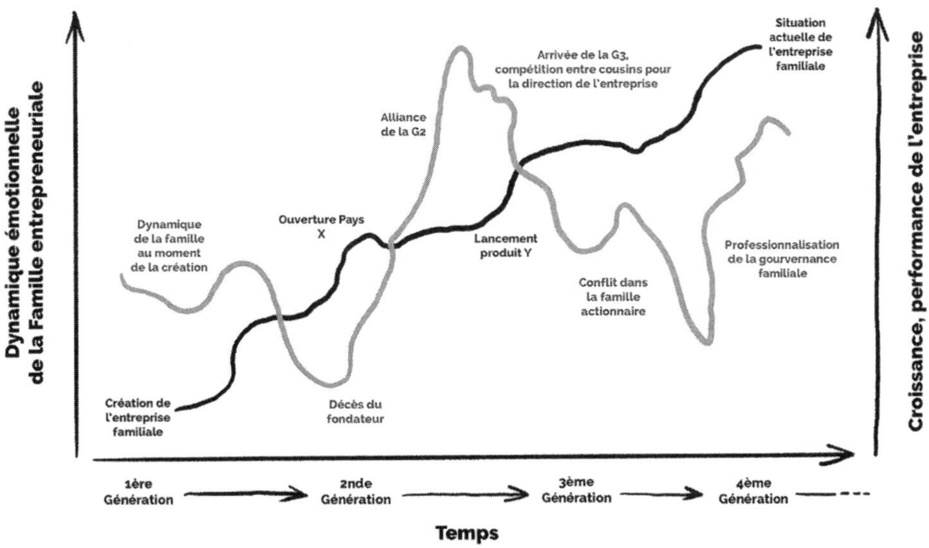

Figure 4 *– Double courbe de vie de la famille entrepreunariale*

L'ESSENTIEL

- **Le récit héberge les racines et les valeurs fondamentales de la famille entrepreneuriale. Il renferme sa complexité et sa part d'ombre. Il est ce qui permet la transmission, car nous racontons toujours l'histoire.**
- **Travailler sur le récit familial notamment dans une dynamique transgénérationnelle est une pratique de transmission qui apporte de la résilience au système, notamment émotionnel.**
- **Pour travailler sur ce récit, un outil performant est la courbe (double) de vie de la famille : c'est un outil à double entrée qui relate de manière croisée l'histoire de l'entreprise familiale et la dynamique émotionnelle de la famille.**
- **Cet outil permet de faire émerger les non-dits du récit, les valeurs fondamentales et transmettre l'histoire à la génération suivante.**

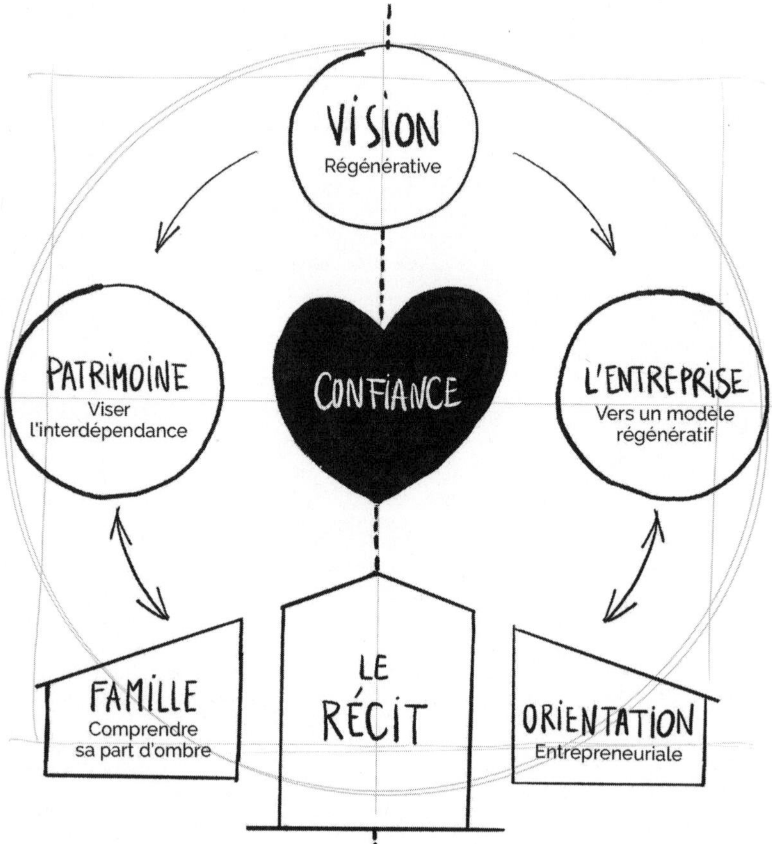

Figure 5 – *Le cœur*

CHAPITRE 2

Le cœur : la confiance intra familiale

« Construire une famille, c'est bâtir un château dont la confiance est la pierre angulaire. »
Antoine de Saint-Exupéry

Executive summary

- La confiance est le résultat de l'investissement de plusieurs parties dans une relation. Elle n'est qu'une conséquence et ne se décrète pas. Pourtant, lorsqu'elle est présente, tout est plus simple, tout va plus vite. À l'inverse, lorsqu'elle est absente, tout est plus lent et les conflits se renforcent.

- Dans le contexte du système familial des familles entrepreneuriales en général et de la famille « régénérative » en particulier, plusieurs composantes viennent structurer et alimenter cette confiance. La formule de la confiance « régénérative », basée sur sept composantes, peut alors permettre de structurer une démarche professionnalisée de la gouvernance pour mesurer le niveau de confiance présent dans le système familial et l'améliorer.

- Les facteurs de cette confiance comprennent : l'*affectio societatis* et *familiae*, la robustesse du patrimoine et de l'entreprise familiale, l'impact social et environnemental de la famille, sa capacité d'innovation et les intérêts personnels des parties prenantes.

QU'EST-CE QUE LA CONFIANCE ?

Stephen M.R. Covey[7] a théorisé l'idée que la confiance peut se mesurer par sa vitesse. D'après lui, plus il y a de confiance, plus les choses vont vite et moins il y a besoin d'expliquer ou de se justifier. À l'inverse, moins la confiance est présente, plus le besoin de contrôle augmente, ralentissant les opérations et la performance d'un système ou d'une organisation. Vous avez sûrement déjà utilisé ou entendu l'adage : la confiance n'exclut pas le contrôle. Je trouve personnellement que cette phrase est symptomatique des organisations où la confiance est généralement assez basse. Je suis plutôt convaincu que la confiance impose une certaine responsabilité vis-à-vis des tiers qui composent un système dans lequel vous naviguez. Dans le contexte d'une famille régénérative et de la gouvernance des trois cercles des familles entrepreneuriales en particulier, cette confiance est l'une des clés qui permet de garantir une gouvernance performante, permettant de faire des choix stratégiques, engagés, de prendre des risques et des initiatives avec le soutien du système familial. Mais cela est de moins en moins évident à mesure que la famille traverse les générations. En effet, dès que les membres des trois cercles (famille, actionnaires, entreprises) commencent à être différents, avec notamment des actionnaires qui ne travaillent pas dans l'entreprise, les objectifs des diverses parties prenantes peuvent être en conflits d'intérêts régulièrement.

Par exemple, l'entreprise peut avoir besoin de plus d'investissements et dans le même temps, certains actionnaires souhaitent conserver un niveau de dividendes conséquent. Un actionnaire de la famille aimerait rejoindre l'entreprise familiale mais il n'a pas les compétences nécessaires. Le nouveau dirigeant de l'entreprise a été choisi parmi la branche A de la famille créant potentiellement de la frustration au niveau de la branche B et C et on assiste à une remise en question récurrente de la performance de celui qui aura été choisi. Une partie de la famille challenge la stratégie de l'entreprise sur les enjeux sociaux et environnementaux. Et il y en a bien d'autres.

Lorsque l'on rentre dans un système familial pour la première fois, il peut être pertinent de comprendre et de mesurer le niveau de confiance qui existe entre les parties prenantes. En effet, lorsque la confiance est forte, il est plus facile de naviguer dans le système familial pour lui faire prendre des décisions, et notamment si ce sont des décisions difficiles. Lorsque la confiance est plus faible, et avant même que le système soit dans une situation conflictuelle ou de conflits, il est plus complexe de naviguer et probablement plus approprié de commencer à travailler d'abord sur les éléments constitutifs de cette confiance affectée, plutôt que de vouloir faire prendre des décisions au système. La difficulté est renforcée par le fait que lorsqu'une famille est face à une problématique de confiance, elle a souvent tendance à mettre en place des plans d'actions qui renforcent le contrôle au sein de la famille, et donc contraint le système et limite la liberté des parties prenantes, réduisant encore plus la confiance potentiellement déjà fragilisée.

Je suis intervenu auprès d'une famille m'ayant demandé de les accompagner pour structurer la vision de leur famille entrepreneuriale à vingt ans. Elle était à une étape de son développement où plusieurs difficultés avaient altéré la confiance au sein du système. L'entreprise était moins performante et dans un cycle de transition de son marché. Plusieurs conflits étaient apparus au sein de la famille concernant l'entreprise et le patrimoine commun. Enfin, une dynamique de branche s'était renforcée créant des problèmes de communication. La famille s'était initialement présentée comme unie avec une gouvernance structurée et un objectif clair. Après quelques semaines de travail et notamment grâce à des entretiens individuels poussés avec chacun des membres du système, j'ai pris conscience que non seulement le niveau de confiance était relativement bas, y compris au sein d'une même branche, mais que l'objectif initial qui m'avait été demandé, à savoir, bâtir la vision à vingt ans de la famille, n'était en réalité qu'un leurre, et que le réel objectif était de revoir la composition de l'actionnariat familial. Certains membres souhaitaient quitter l'aventure.

Ces systèmes, où la confiance est très basse, nécessitent la plupart du temps un accompagnement avec des professionnels en psychologie et ce à plusieurs niveaux du système. Les spécialistes en systémie sont souvent les meilleurs experts à faire intervenir dans ces situations délicates. Ma conviction profonde est qu'un système d'actionnaires familial fonctionne toujours à la perfection, malgré ses dysfonctionnements, pour des raisons inconscientes aux racines profondes, souvent ancrées depuis longtemps dans la dynamique de la famille. Ils viennent toucher des sujets comme la reconnaissance au sein du système, le devoir envers le système mais également des sujets comme la liberté vis-à-vis de celui-ci, les jalousies, les conflits, la compétition et tout ce qui peut concerner les liens d'une manière générale. Cependant, de par sa construction, ces éléments se révèlent souvent nécessaires à la survie du système quand bien même celui-ci développe des situations conflictuelles plus ou moins graves.

Mais le rôle des spécialistes en gouvernance familiale n'est pas de se transformer en psychologue ou en spécialiste systémique dont le travail est précieux. En effet, ce travail nécessite souvent du temps long dont on peut manquer lorsque la famille s'est engagée dans un travail ou une refonte de sa gouvernance. Ils peuvent essayer de comprendre le système, grâce à leur position d'observateur puis d'acteur au sein de celui-ci, mais ne sont souvent pas compétents ni même engagés pour s'intéresser à la dimension psychologique de ce dernier. Pourtant, la manière dont les relations sont vécues dans un système familial impacte son niveau de confiance et donc sa capacité à se transformer.

POURQUOI UNE FORMULE DE LA CONFIANCE ?

Parce que ce qui ne se mesure pas, ne s'améliore pas. Mais surtout, parce que la confiance est une conséquence et malheureusement très peu d'organisations travaillent sur cette thématique. Vous pouvez avoir la plus belle vision familiale, engageante et inspirante, les plus belles valeurs, les actionnaires les mieux formés, une histoire incroyable, une stratégie robuste et un plan d'actions structuré intégrant les rôles et les responsabilités de chacun, sans confiance il est peu probable que votre projet soit un succès.

J'ai donc imaginé une formule de la confiance composée de sept composantes permettant de structurer une démarche de fonds dans le cadre de la dynamique des familles entrepreneuriales, afin que la confiance ne soit pas simplement une conséquence mais le cœur du projet, celui grâce auquel tout le reste sera possible. Ces sept composantes sont :

- l'*affectio societatis ;*
- l'*affectio familiae ;*
- la robustesse de l'entreprise et celle du patrimoine ;
- l'empreinte sociale ;
- l'empreinte environnementale ;
- le nombre de projets entrepreneuriaux disruptifs ;
- le nombre d'héritiers passifs.

Ces sept composantes sont regroupées en quatre groupes de facteurs à travers lesquels il est possible de naviguer : les facteurs émotionnels, de robustesse, d'innovation et d'engagement.

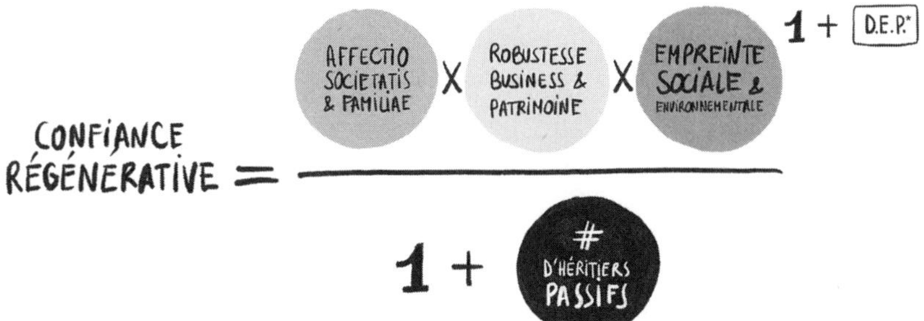

*Disruptive Entrepreneurial Projects

LES FACTEURS ÉMOTIONNELS

Le groupe émotionnel intègre *l'affectio societatis* et *familiae.*

L'*affectio societatis*

C'est un concept qui est fondamental dans le cadre de la création et le bon fonctionnement d'une entreprise car il s'entend comme la volonté commune de plusieurs associés de collaborer ensemble pour le bon développement de l'entreprise. Il implique de l'engagement réciproque et une collaboration basée sur la confiance des différentes parties prenantes. Dans le cadre d'une entreprise familiale, il amène plusieurs éléments supplémentaires. D'abord, le fait que ces engagements puissent se transmettre d'une génération à l'autre sans être toujours souhaités par les différents acteurs de la famille qui se retrouvent parfois contraints dans une certaine solidarité ou loyauté subie plutôt que choisie. Mais cet *affectio societatis* reste nécessaire car pour qu'une entreprise puisse prospérer, il est essentiel que ses actionnaires aient un intérêt commun à rester ensemble, ce qui les amène nécessairement à réfléchir à leur raison d'être et leur vision pour cet actif souvent stratégique de la famille. À ce stade, on comprend aisément que plus il y a d'actionnaires familiaux, plus les niveaux d'engagement individuel de chaque actionnaire peuvent diverger, entraînant par là même possiblement des conflits potentiels entre eux. C'est la raison pour laquelle, l'*affectio societatis* dans une famille entrepreneuriale est un des actifs tangibles qui structure et développe le niveau de confiance au sein de la famille et qu'il est possible de travailler et de développer sur le temps long.

Il y a plusieurs façons de développer cet *affectio familiae*, et chaque famille développe souvent ses propres mécanismes. Ce chapitre n'a pas la prétention de partager les clés pour bâtir cet *affectio*, mais de permettre de comprendre comment il contribue au niveau de confiance au sein de la communauté des actionnaires familiaux.

Néanmoins, il y a certaines constantes qui se retrouvent dans toutes les familles qui disposent d'un *affectio societatis* fort :

- Le partage d'une vision, de valeurs et d'une ambition commune pour l'entreprise.
- La structuration d'une gouvernance pertinente notamment en structurant et en professionnalisant un conseil d'administration ou un conseil de surveillance renforcé d'administrateurs indépendants, mais aussi en valorisant les différentes compétences présentes ou développées au sein de la communauté d'actionnaires familiaux.
- La communication transparente et régulière vers les actionnaires familiaux sur l'actualité de l'entreprise et notamment en dehors de l'assemblée générale annuelle.
- La clarification régulière des rôles et des responsabilités de chacun et notamment en essayant de trouver une répartition équitable des rôles au sein des organes de gouvernance.
- La structuration d'un processus de résolution de conflit, souvent inscrit dans une charte familiale.
- Le partage de la valeur créée pour impliquer les actionnaires non exécutifs à s'engager à défendre les intérêts de l'entreprise et de la famille.
- Une revue régulière des points 1 à 6 est nécessaire pour comprendre comment améliorer cet *affectio societatis* au sein des actionnaires familiaux.

Ces éléments ne sont pas exhaustifs mais sont à creuser lorsque l'on cherche à comprendre comment l'*affectio societatis* peut être une force pour la famille, notamment pour renforcer la confiance entre ses membres.

L'*affectio societatis* a comme conséquence d'apporter aux actionnaires familiaux une certaine fierté de faire partie de cette aventure. De ce fait, il vient toucher directement le capital réputationnel de la famille et lorsque la société se retrouve, parfois malgré elle, dans des aléas qui peuvent être plus ou moins graves (financier, politique, réputationnel ou autres), si ces éléments sont publics ils peuvent avoir un impact très fort sur l'*affectio societatis*. Les enjeux sociétaux et environnementaux sont notamment l'un des éléments qui peuvent réduire l'affectio societatis de certains membres de la famille[8].

Pour conclure, un *affectio societatis* fort nécessite de développer la collaboration entre les actionnaires familiaux en stimulant leur engagement via des activités liées à l'entreprise et une communication régulière et transparente sur la réalité de ou des entreprises. Il nécessite également de prendre en compte les intérêts collectifs et individuels de ces actionnaires, notamment dans les périodes de crise, afin d'être capable de gérer les périodes de conflits potentiels.

L'*affectio familiae*

Il est représenté par la manière dont les membres de la famille actionnaires font famille. C'est-à-dire, la manière dont ils sont connectés les uns aux autres, comment ils vivent leur système familial en partageant les mêmes valeurs et rituels. Cet *affectio familiae* est important dans le cadre de la confiance qu'il peut apporter à une famille à visée « régénérative », car la dynamique émotionnelle qui y est attachée peut impacter tout autant les décisions prises dans l'entreprise que les indicateurs financiers. La différence avec l'*affection societatis* est importante. Il s'agit ici de célébrer la famille et non pas l'entreprise. Là où l'*affectio societatis* stimule l'engagement des parties prenantes, l'*affectio familiae* est beaucoup plus complexe car il vient toucher la profondeur des liens entre les différents membres de la famille. Ces liens jouent un rôle central sur le niveau de confiance au sein de la famille entrepreneuriale, car les enjeux de reconnaissance, d'équité entre les membres de la famille naissent au sein de ce système avant d'être vécus ensuite dans l'entreprise.

C'est ici que le récit se crée, dans les discussions familiales en dehors de l'entreprise. C'est également ici que tout se mélange, naturellement, et que naissent d'abord des non-dits, puis des secrets, voire des conflits. La gestion de ces conflits, la manière dont la famille développe sa communication intra familiale est l'un des éléments clés de cet *affectio*. Elle contribue à déterminer le niveau de confiance qu'elle héberge. Il n'est d'ailleurs pas rare de voir des conflits au sein d'une génération, soit se transmettre d'une génération à l'autre, soit au contraire disparaître et permettre aux générations suivantes de faire avancer des sujets qu'il était impossible de traiter jusque-là.

Mais faire famille, lorsque l'on appartient à une famille entrepreneuriale, c'est surtout réussir à ce que ce qui est communiqué en son sein soit également vécu et ressenti émotionnellement par ses membres. C'est une tâche très délicate car c'est ici que la part de l'inconscient collectif et individuel entre en jeu. Par exemple, la famille peut exprimer à ses membres que la liberté est l'une de ses valeurs fondamentales et que chacun est libre de son chemin personnel et professionnel. Pourtant, c'est l'inverse qui peut être vécu ou ressentie dans la famille par certains membres qui n'auraient pas fait le choix de rejoindre l'entreprise familiale, se sentant mis à l'écart, rejetés et parfois désaimés. L'amour dans la famille est-il conditionnel ou inconditionnel à la participation au projet familial ? Voici un des points qui structure le niveau de confiance fondamental au sein de la famille à visée « régénérative ».

Comment peut-on à la fois renforcer les liens au sein de la famille tout en préservant l'intérêt de l'entreprise ? Il y a une posture qui n'est pas évidente entre liberté et engagement. L'erreur la plus communément observée est le fait de voir le dirigeant familial de l'entreprise mettre trop d'emphase sur le fait que ses enfants puissent le rejoindre dans l'entreprise familiale. Il me semble au contraire, que, stratégiquement, il convient d'abord de s'assurer que la nouvelle génération sera en capacité d'assurer son rôle d'actionnaires et de préparer celle des futurs administrateurs familiaux. Et si l'un d'entre eux souhaite rejoindre l'entreprise, et qu'il en a les compétences, tant mieux. La dynamique émotionnelle au sein d'un système familial engagé dans une aventure entrepreneuriale a une complexité renforcée du fait de la présence de cette entreprise qui, parfois, peut être assimilée à un membre de la famille. C'est la raison pour laquelle, la carte de la famille à visée « régénérative », comprend un territoire d'actions spécifiques pour la famille, dont l'enjeu est de comprendre sa part d'ombre pour lui permettre de progresser et de traverser les enjeux de celle-ci à travers les générations. Comprendre sa famille, comprendre d'où l'on vient, qui l'on est et où l'on souhaite aller individuellement et collectivement, est un chemin nécessaire pour naviguer au sein de ces systèmes complexes dont la confiance est souvent fragilisée par les différents événements personnels et professionnels que ses membres partagent souvent depuis plusieurs générations.

LES FACTEURS DE ROBUSTESSE[9]

La robustesse se définit comme quelque chose de résistant. Appliqué à l'entreprise familiale ou à la famille entrepreneuriale, cette résistance renferme deux composantes stratégiques : la performance et la résilience. La performance va apporter la notion de rendement, là où la résilience implique la capacité d'un individu ou d'une organisation à passer des obstacles essentiellement par sa capacité d'adaptation aux contraintes internes et externes de son environnement. Plus le système développe une capacité d'adaptation, plus il est résilient.

La robustesse du business

Sans la robustesse de l'entreprise familiale, « tout cela », c'est-à-dire l'histoire de la famille entrepreneuriale, n'existerait pas. La robustesse fait donc ici référence à la capacité que ces organisations familiales développent pour faire face à leurs enjeux internes et externes tout en maintenant la pérennité de leurs performances à long terme. Les enjeux sont nécessairement différents en fonction des problématiques que l'entreprise peut rencontrer notamment lorsque celles-ci traversent des périodes d'incertitudes comme des crises économiques, politiques, l'arrivée d'un nouveau concurrent, une gouvernance instable et/ou des conflits de famille. Cette robustesse peut donc se décliner sur plusieurs niveaux, dont trois ont un rôle majeur pour bâtir de la confiance au sein de la famille entrepreneuriale.

La robustesse économique

Elle est liée aux performances économiques de l'entreprise mais avec une dimension essentielle sur le temps long.

Il est assez classique de rencontrer des entreprises familiales qui distribuent peu voire aucun dividende à leurs actionnaires familiaux, disposant d'une situation de trésorerie confortable et de capacités d'investissements importantes. Les entreprises familiales ont une approche de capital patient avec une capacité d'envisager le retour sur investissement sur des périodes souvent plus longues qu'une entreprise non familiale.

Néanmoins, la pérennité de performances économiques souvent mesurée par l'EBITDA[1] est essentielle pour connaître la robustesse d'une organisation. En effet, la confiance au sein de la famille sera renforcée si les résultats économiques de l'entreprise sont bons et pérennes et si la situation de trésorerie est confortable.

La robustesse stratégique

On évoque ici la capacité d'une organisation à anticiper les enjeux de son marché, qu'ils soient économiques, technologiques, réglementaires mais également sociétaux et notamment plus récemment sur les enjeux de RSE. Ce dernier point peut à certains égards bousculer fortement la confiance au sein des familles entrepreneuriales, notamment lorsque la *next gen* et/ou des actionnaires non exécutifs bousculent la manière dont l'entreprise intègre ces sujets dans son plan stratégique. Mais le point le plus important dans la robustesse stratégique réside dans la capacité de l'entreprise familiale à développer une orientation entrepreneuriale distinctive à chaque génération. Plusieurs études[10] ont constaté que, malgré des situations de trésorerie confortable, la prise de risque de ces entreprises avait tendance à baisser sur le long

1. *Earnings Before Interest, Taxes, Depreciation and Amortization* – Bénéfice avant intérêts, impôts, dépréciation et amortissement.

terme pouvant mettre en péril la robustesse de l'entreprise notamment lorsque les marchés sur lesquels elle intervient sont en crise ou deviennent plus concurrentiels.

L'industrie du textile illustre parfaitement les difficultés de robustesse stratégique que peuvent rencontrer les entreprises familiales. Seconde industrie la plus polluante du monde avec des enjeux environnementaux et sociétaux importants, elle a vu son marché évoluer en quelques années d'un modèle de vente physique, à un modèle digital renforcé par l'explosion de la seconde main. De grands noms du prêt à porter français n'ont pas su anticiper et faire muter leur modèle suffisamment rapidement, probablement par un manque de robustesse stratégique de leur organisation.

La robustesse de la gouvernance

La bonne gouvernance est la capacité d'une organisation à prendre les bonnes décisions stratégiques que nous avons évoquées à l'instant. Le thème principal est notamment lié aux périodes de transition et de transmission du pouvoir à la fois sur le cercle de l'entreprise, mais également sur le cercle actionnaire et familial en fonction de l'organisation de la famille. Si l'entreprise familiale est organisée avec un directoire doublé d'un conseil de surveillance ou un conseil d'administration et potentiellement d'un conseil de famille, et que ces trois instances sont professionnalisées, alors une gouvernance robuste aura anticipé la manière d'organiser soit les périodes de transitions, soit la gestion d'un accident de la vie d'un dirigeant familial.

Malheureusement, ce n'est que beaucoup trop rare, et peu d'organisations ont structuré ces différents éléments. Par exemple, dans les petites entreprises familiales, il arrive souvent que le dirigeant assume seul la gestion de l'entreprise ainsi que les enjeux des actionnaires familiaux – une situation que j'appelle un *one man/woman show*. Si la gouvernance est peu ou pas professionnalisée, un accident de la vie peut fragiliser l'entreprise. Dans un tel contexte, le risque est élevé que les actionnaires, faute de compétences adaptées, éprouvent des difficultés à prendre des décisions stratégiques et à assurer la pérennité de l'entreprise.

Mais la robustesse de cette gouvernance réside aussi dans la confiance que la famille met en œuvre pour permettre aux transitions générationnelles de se dérouler dans des périodes cohérentes. Il n'est pas rare d'avoir des membres de conseils de surveillance ou d'administration dépassant largement les 70, voire les 80 ans, notamment lorsque la transmission du pouvoir n'a pas encore été effectuée ou ne l'a été que partiellement entre la génération qui arrive et celle qui laisse la place. Ces périodes peuvent parfois être assez longues et avoir un impact fort sur la confiance intra familiale en générant des conflits. Ces derniers peuvent également rejaillir sur les collaborateurs de l'entreprise qui peuvent vivre ces périodes avec plus ou moins d'anxiété.

Une gouvernance robuste idéale intègre trois organes de prise de décisions.

- **Un organe qui dirige l'entreprise**, met en œuvre la stratégie et est garant des résultats de l'entreprise. C'est le plus souvent un directoire ou une direction générale.
- **Un conseil d'administration ou de surveillance pour accompagner le dirigeant**, le challenger avec bienveillance lorsque tout va bien et être en soutien et à son écoute lorsqu'il traverse des difficultés et des périodes difficiles. Avec comme idéal le pouvoir de remplacer le dirigeant en cas de défaillance, ce qui peut parfois être complexe lorsque ce dirigeant est à la fois actionnaire et membre de la famille.
- Enfin, **un organe pour piloter les enjeux** de la famille actionnaires.

Même lorsque la famille actionnaire est peu nombreuse, l'intérêt de bien structurer sa gouvernance crée de la confiance car elle permet d'éviter la confusion entre les cercles et de discuter de manière inappropriée de certains sujets au mauvais moment ou au mauvais endroit. Enfin, la visibilité sur le plan de succession du leadership dans ces différents organes est sûrement le point qui crée ou peut créer le plus de confiance au sein de la famille s'il est bien structuré.

Aller plus loin sur la robustesse de l'entreprise

D'autres niveaux de robustesse peuvent être envisagés :

- **La robustesse des talents familiaux** capable de rejoindre le mouvement familial et permettant d'assurer des transitions harmonieuses.
- **La robustesse des investissements** et la capacité de l'entreprise d'être systématiquement au rendez-vous dans son plan de marche financier. Mais également, la capacité de l'entreprise à investiguer des territoires d'innovations où elle n'est peut-être pas encore présente.
- **La robustesse de sa cartographie des risques**, notamment la robustesse de la gestion de ses données et son plan de continuité d'activité en cas de piratage. La capacité à stresser l'organisation sous forme de test régulièrement est une bonne pratique.
- **La robustesse de ses marques** qui font partie des actifs stratégiques d'une entreprise, notamment lorsque l'une des marques est le nom porté par la famille.
- **La robustesse de son organisation**, de ses talents, de son chiffre d'affaires.
- Enfin, la **robustesse de la maîtrise** et le pilotage de son impact social et environnemental.

Mais ne nous trompons pas, l'enjeu ici n'est pas de détailler tous les éléments permettant à une entreprise de réussir, mais de comprendre quels éléments de la robustesse de l'entreprise peuvent être structurants pour développer la confiance au sein de la famille entrepreneuriale. Si vous souhaitez travailler sur cet élément de la confiance au sein de votre famille ou de la famille que vous accompagnez, commencez par clarifier ce qu'est la robustesse pour vous et comment elle peut se décomposer. Puis, réfléchissez avec les parties prenantes sur les éléments de performance et de résilience qui sont importants pour l'entreprise et pour les actionnaires familiaux.

La robustesse du patrimoine

Dans la partie 2, nous verrons en détail comment structurer le patrimoine de la famille afin de le faire passer d'une situation de dépendance à une situation d'interdépendance avec l'entreprise familiale, avec un impact tangible et mesurable. La notion de robustesse du patrimoine vient alimenter la confiance de la famille entrepreneuriale notamment sur le territoire de la pérennité ou de la protection de la famille en cas d'aléas financiers, et plus particulièrement en cas de difficultés de l'entreprise.

C'est un élément essentiel, notamment parce que l'on ne constitue pas un patrimoine robuste en quelques années, mais bien souvent en quelques décennies. La robustesse du patrimoine peut se challenger de plusieurs manières, notamment en observant les déséquilibres entre le cercle de l'entreprise et le cercle privé. On découvre souvent qu'un volume de patrimoine relativement important peut être immobilisé. Il est souvent attaché à la classe d'actif « immobilier », et plus spécifiquement à l'immobilier professionnel que détient la famille et qui a généralement été constitué en parallèle de l'entreprise. J'évoque ici l'usine, le siège social, les entrepôts et consorts qui sont généralement détenus non pas par l'entreprise, mais par des véhicules immobiliers contrôlés par les actionnaires familiaux. C'est une assez bonne pratique même si on comprend aisément que ces actifs sont très fortement dépendants de l'entreprise et particulièrement non liquide.

La robustesse du patrimoine, qui bâtit de la confiance, puisque c'est le sujet qui nous anime, doit pouvoir répondre à d'autres enjeux que ceux de l'entreprise y compris ceux qui dépassent le simple besoin de sécurité ou de confort apporté par des revenus ou dividendes venant de cette dernière. La robustesse du patrimoine s'observe aussi dans sa capacité à venir soutenir la famille sur les territoires de l'investissement, de l'innovation, de la formation ou de l'éducation des futurs administrateurs ou de tous les services dont la famille peut avoir besoin jusqu'à la structuration de bourse d'échange d'actions, de caisse de solidarité fiscale ou de démarche philanthropique. C'est ici d'ailleurs, que la présence d'un family office intégré ou externalisé apporte de l'expertise et augmente le niveau de confiance au sein de la famille, notamment dans la structuration d'une allocation d'actif stratégique répondant à la fois aux objectifs de la famille entrepreneuriale et de ses membres, mais également à leur profil de risques et leurs objectifs patrimoniaux. Il apporte également des éléments de réassurance et donc de confiance dans la robustesse du patrimoine principalement grâce à une coordination des différents enjeux de la famille à tous les niveaux : *holding*, branche, privé, émotionnel. Enfin, il est essentiel de rassurer les actionnaires familiaux manquant de compétences pour appréhender tous les enjeux liés à la détention du patrimoine familial et de l'entreprise, notamment lorsque certains d'entre eux vivent à l'étranger, où le contexte fiscal peut être différent et où les décisions prises en France peuvent s'avérer inadéquates ou pénalisantes pour un actionnaire familial basé hors du pays.

En synthèse, la robustesse du patrimoine doit être, autant que possible, indépendante et idéalement interdépendante de la performance de l'entreprise familiale, afin de créer de la confiance entre les actionnaires familiaux. J'aime même parler de revenus asynchrones permettant à la famille d'être stabilisée d'un point de vue patrimonial, sans subir les secousses que vivent les entreprises au cours de leur existence, que nous développerons dans le chapitre 6, consacré spécifiquement au patrimoine.

LES FACTEURS D'ENGAGEMENT

L'empreinte sociale et environnementale

Nous entrons dans une période de révolution technologique. Tous les modèles économiques sont en train de changer. Les consommateurs des entreprises changent également – ils sont de plus en plus préoccupés par leur propre empreinte sociale et environnementale. Les millenials sont particulièrement concernés. Selon une étude du Spectrem Group, 67 % des millenials possédant du capital souhaitent que leurs investissements reflètent leurs valeurs sociales, politiques et environnementales[11]. La crise du Covid n'a fait qu'amplifier ces préoccupations. Si la génération de nos parents a lutté pour préserver la paix après les deux guerres mondiales du XXe siècle, la génération actuelle se bat pour préserver notre planète, et celle de nos enfants fera de même. Peu de chercheurs ont étudié la manière dont cette urgence sociale et environnementale affecte la dynamique émotionnelle entre les membres de la famille et au sein de leurs entreprises familiales. Cependant, la plupart des entreprises familiales ont toujours eu un impact positif significatif. D'abord un impact social, notamment dû à celui qu'elles ont sur les emplois qu'elles créent et qu'elles protègent. Ensuite, un impact sociétal par des actions philanthropiques et la mise en place de fondations d'entreprise. Mais ce qui change aujourd'hui, c'est qu'elles passent d'une démarche de don à une démarche d'investissement à impact pour protéger les modèles économiques de leurs entreprises. En 2020, en période pré-Covid, je synthétisais dans un essai clinique[12], auprès de grandes comme de petites familles entrepreneuriales françaises, que l'urgence environnementale pouvait représenter une opportunité pour l'intégration des nouvelles générations dans une quête transgénérationnelle au sein de la famille. J'ai également constaté que l'impact social et environnemental pouvait être une raison de rupture pour certains actionnaires familiaux avec l'entreprise familiale, pouvant aller jusqu'à la cession des parts sociales de l'entreprise.

La confiance intra familiale peut donc être nettement challengée par la manière dont la famille prend en compte cette dynamique environnementale et l'intègre dans la stratégie de l'entreprise, mais également la manière dont elle intègre ces éléments dans la communication intra familiale. Attirer la prochaine génération à bord, c'est créer le contexte qui lui donnera envie de rejoindre l'entreprise familiale pour ce qu'elle représente, mais aussi pour les opportunités qu'elle peut apporter aux membres de la famille. Ce contexte est plus ou moins facile à créer en fonction de l'histoire de l'entreprise familiale, mais aussi de sa situation distinctive au regard des enjeux sociaux et environnementaux, ainsi que du récit qu'elle souhaite en faire.

En 2019, j'interrogeais un de mes clients, le dirigeant d'une entreprise familiale de seconde génération, possédant un chiffre d'affaires d'une centaine de millions d'euros spécialisé dans l'industrie du textile. Étant l'unique actionnaire de l'entreprise, il me confiait avoir eu une discussion intéressante avec sa fille de vingt ans, partant faire ses études au Canada prochainement. Au détour d'une discussion sur ses études supérieures qu'elle s'apprêtait à commencer, son père lui a demandé ce qui l'intéressait et comment elle se projetait. Sa réponse fut très structurante pour lui : « Tu sais papa, je ne rejoindrai pas l'entreprise familiale après mes études. J'adore la mode et cette industrie, mais ce que nous faisons n'est pas bon pour la planète ». L'industrie du textile est la seconde industrie la plus polluante du monde, son impact environnemental et social est désastreux. D'un point de vue environnemental, l'industrie est fortement carbonée en raison des matières premières utilisées et transformées. Au-delà de cet impact écologique, elle soulève également des controverses sur le plan social. En effet, le travail des enfants, souvent illégal, reste une problématique majeure dans les pays en voie de développement où une grande partie des vêtements sont fabriqués. Cette réalité est directement liée à la guerre des prix imposée par l'industrie de la *fast fashion*, qui pèse lourdement sur ce secteur.

La réflexion de cette jeune fille sur la prochaine génération peut sembler immature au regard des enjeux de l'entreprise. On ne change pas de modèle industriel ou d'entreprise en quelques années. Parallèlement, cette famille emploie près de 400 personnes et a donc un impact social important lié à son activité, peu importe son impact environnemental.

Si l'on a une approche sur le temps long, il paraît aujourd'hui plus que stratégique que les familles actionnaires intègrent dans leur vision ces éléments afin de permettre aux prochaines générations de se projeter dans l'aventure familiale. Peu importe si l'industrie historique dans laquelle navigue la famille est plus ou moins carbonée, l'enjeu ici est la manière dont les actionnaires prennent en compte la situation sociale et environnementale de leurs actifs et comment ils peuvent transformer leur situation en opportunités. Cette posture devrait développer dans les décennies à venir un niveau de confiance accrue auprès des actionnaires familiaux.

Le dilemme des héritiers passifs

Qu'est-ce que des héritiers passifs ? Ma définition est celle d'un actionnaire de l'entreprise familiale qui, tout d'abord, n'est pas engagé. C'est-à-dire, qui n'a aucun rôle dans l'entreprise familiale, ni dans la gouvernance actionnariale ou la gouvernance familiale. Il est assez désengagé dans sa posture. La notion d'héritier suppose ensuite, que ce dernier accède à une certaine aisance financière grâce à l'entreprise familiale, soit via des dividendes confortables versés par l'entreprise, soit par les actifs financiers patrimoniaux développés et gérés en parallèle par la famille et son family office.

Le dilemme de l'héritier passif est le suivant : tant que sa situation est stable, il est globalement un atout pour l'entreprise et la famille actionnaire car il n'a aucun effet bloquant pour l'entreprise et sa gouvernance. Dit autrement, tant que sa situation financière est stable au regard des flux financiers importants venants de la famille et de ses entreprises, l'héritier passif vote et signe toutes les décisions. Par contre, si sa situation financière est en danger, la situation peut s'inverser complètement et rapidement. C'est une situation que l'on peut rencontrer lorsqu'après une période assez longue de dividendes généreux, l'entreprise familiale n'est plus en mesure d'en verser. Cela génère alors des inquiétudes et questionnements parmi ses actionnaires, en particulier ceux qui dépendent de ces dividendes pour leur équilibre financier. L'héritier passif peut se transformer en frein pour l'entreprise et sa gouvernance et potentiellement amener de la tension dans le système familial à un moment où l'entreprise, potentiellement en situation plus difficile, attend le soutien de ses actionnaires plutôt que la défiance de ces derniers. Bien entendu, ceci n'est pas une constance et il y a nombre d'héritiers passifs qui ne développent pas de conflits en cas de changements importants de flux financiers à leur égard. Néanmoins, dans le cadre du pilotage de la confiance au sein de la famille entrepreneuriale, ce facteur d'engagement, ou en l'occurrence de désengagement que représente cet héritier passif, est un risque potentiel pour la dynamique familiale.

C'est la raison pour laquelle, dans la formule de la confiance, le nombre d'héritiers passifs diminue le niveau de confiance. L'enjeu pour la famille est d'être vigilante, de garder le contact avec leurs actionnaires les moins engagés, de comprendre leur situation et de développer auprès d'eux les facteurs émotionnels que sont l'*affectio familiae* et *societatis*.

Le facteur de l'innovation : DEP[2]

Si le nombre d'héritiers passifs a le pouvoir de diminuer la confiance intra familiale, le facteur de l'innovation a, lui, le pouvoir de la démultiplier. Pourquoi ?

La performance intergénérationnelle des entreprises familiales a été bien documentée[13] par les chercheurs du monde entier. Il a notamment été établi que peu d'entre elles arrivent jusqu'à la quatrième génération[14]. Les universitaires ont démontré cependant que, celles qui y parviennent, ont une caractéristique particulière en commun qui leur permet de réussir de génération en génération. Elles développent une orientation entrepreneuriale forte et distinctive à chaque génération[15]. L'orientation entrepreneuriale qui est arrivée dans l'entreprise familiale avec la première génération peut, dans une certaine mesure, se déliter à mesure que les générations passent.

2. *Disruptive Entrepreneurial Projects.*

Je développerais ce concept dans le chapitre dédié aux activités entrepreneuriales. L'enjeu sur la confiance réside dans la capacité des innovations de rupture à développer la performance de l'entreprise, sa pérennité et en cascade la robustesse de l'entreprise et de ses actionnaires.

Dans la formule de la confiance, ce facteur d'innovation est incarné par le nombre de projets entrepreneuriaux disruptifs portés par l'entreprise ou la famille entrepreneuriale. Il est plus facile de traverser un conflit de famille et de permettre à l'entreprise familiale de passer à la génération suivante si l'entreprise est elle-même dans une situation économique et de marché confortable. À l'inverse, lorsque l'entreprise familiale passe par une période difficile, un conflit de famille dans le cercle entreprise peut accélérer sa chute.

Il suffit d'une ou deux innovations de rupture par génération pour donner de l'accélération à une entreprise et en cascade renforcer la confiance des actionnaires familiaux envers celle-ci. Dans la figure suivante, nous avons tenté de simuler un score de confiance, en utilisant notre formule pour comprendre l'impact de l'innovation de rupture sur la confiance globale au sein de la famille.

Score	Affectio		Robustesse		Empreinte		Total	#	Total
	Societatis	Familiale	Entreprises	Patrimoine	Sociale	Environnementale		d'héritiers passifs	
Maximum	3	3	3	3	3	3	729	1	365
Moyen	2	2	2	2	2	2	64	1	32
Minimum	1	1	1	1	1	1	1	1	1

Score	Affectio		Robustesse		Empreinte		Total	#	Total
	Societatis	Familiale	Entreprises	Patrimoine	Sociale	Environnementale		d'innovation de rupture	
Maximum	3	3	3	3	3	3	729	1	531441
Moyen	2	2	2	2	2	2	64	1	4096
Minimum	1	1	1	1	1	1	1	1	1

***Tableau 1** – La formule de confiance*

Dans cet exemple, nous avons pris trois hypothèses théoriques :

- la première en donnant la note maximum sur 3 à chacun des critères de la formule ;
- la seconde en donnant la note de 2 ;
- la troisième en donnant la note de 1.

Cette simulation permet de montrer l'écart type entre une situation avec théoriquement un niveau de confiance parfait, un niveau de confiance moyen et enfin une situation dysfonctionnelle. Ce scoring a été simulé sans puis avec le facteur d'héritiers passifs, puis sans et avec le facteur innovation de rupture.

Que peut-on constater ?

Le scoring initial de la confiance intra familiale simulé s'étend de 1 pour le plus mauvais score à un maximum de 729 pour le meilleur. En intégrant le facteur d'héritier passif et en en mettant arbitrairement 1 seul héritier passif dans la formule, le scoring passe de 1 à 365.

Lorsque l'on fait l'exercice similaire avec le facteur de l'innovation de rupture et en mettant arbitrairement également une seule innovation réussit, le scoring passe de 1 à 531 441. Cela démontre le pouvoir que détient une seule innovation de rupture réussie dans cette formule de la confiance. Elle a le pouvoir de la démultiplier considérablement. Bien entendu, aucune famille n'aura un score construit de cette manière, mais l'intention ici est de démontrer la puissance qu'un seul projet entrepreneurial disruptif réussi a le pouvoir de générer comme confiance au sein d'une famille. Si les chercheurs ont démontré que l'orientation entrepreneuriale distinctive était le seul élément qui permettait de garantir la survie d'une entreprise familiale à travers les générations, alors son impact sur la confiance intra familiale paraît déterminant et mérite d'être intégré dans son analyse.

Prenons l'exemple de la famille Mulliez, largement reconnue pour ses succès dans divers secteurs. Elle a marqué la grande distribution alimentaire avec Auchan, l'équipement de la maison et le bricolage avec Leroy Merlin, Boulanger et Saint-Maclou, ainsi que le sport avec Decathlon. Dans le prêt-à-porter, elle est à l'origine des marques Kiabi, Pimkie, Jules et Brice. Elle s'est également imposée dans la restauration avec Flunch, Pizza Paï et Les 3 Brasseurs, sans oublier le secteur des services automobiles avec Norauto et Midas.

Cette famille entrepreneuriale est connue pour sa « galaxie » d'entreprises et l'on évoque régulièrement cette fameuse « galaxie » Mulliez. Il est intéressant de noter que peu d'entreprises de cette dernière sont extrêmement performantes en même temps. Pourtant, cette orientation entrepreneuriale, qui les distingue, constitue une véritable force. La grande distribution avec Auchan, tout comme les enseignes de textiles, sont dans des secteurs économiques en grandes difficultés depuis plusieurs années. Dans cette galaxie, elles peuvent compter sur l'excellente santé de leurs entreprises cousines que sont notamment Decathlon et Leroy Merlin. Si cette constellation n'existait pas, il est fort à parier qu'une entreprise comme Auchan aurait connu le même sort que le groupe Casino, récemment démantelé.

Certes, l'AFM, l'association de la famille Mulliez qui détient l'ensemble des entreprises, n'est pas représentative des autres entreprises familiales en raison de sa taille. Cependant, il est intéressant de noter que plusieurs entreprises de sa galaxie le sont, et que peu d'entre elles affichent des performances exceptionnelles simultanément. C'est la force de son orientation entrepreneuriale qui confère robustesse et confiance à ses actionnaires, les incitant à s'engager à 100 % dans l'ensemble des projets, avec une philosophie : « Tous dans Tout ».

L'outil
La formule de la confiance

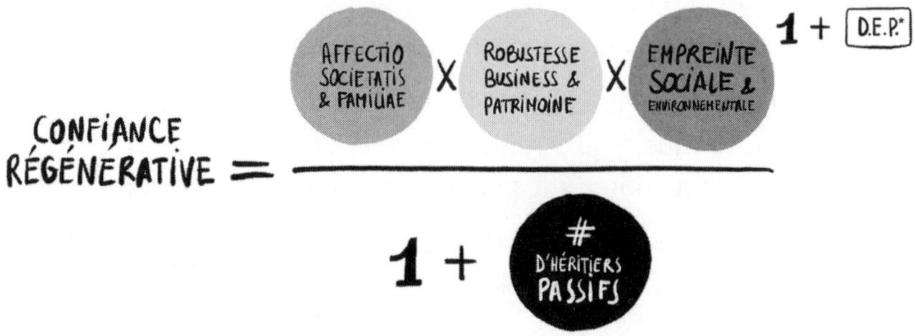

*Disruptive Entrepreneurial Projects

Cette formule n'a aucune velléité d'être utilisée pour donner un score de confiance à votre famille, mais au contraire donner un cadre de réflexion pour que vous puissiez agir dessus. Comme dans toutes les organisations, le temps est souvent une contrainte importante pour structurer l'ensemble des actions que vous souhaiteriez construire en famille pour professionnaliser votre gouvernance dans le temps. Cette formule doit vous permettre de faire des choix. Qu'est ce qui est susceptible de bâtir de la confiance dans votre organisation actuelle et qu'est ce qui pourrait en détruire ?
En fonction de la problématique que vous allez rencontrer, la carte de la famille à visée régénérative vous propose des territoires d'actions pour agir en priorité là où cela aura le plus d'efficacité.
Sur les facteurs émotionnels, commencer par réfléchir aux éléments suivants : quel est le niveau d'*affectio societatis* et *familiae* dans ma famille ? Sont-ils une force ou un frein ? Quels sont les enjeux du système ? Être actionnaire de l'entreprise familiale, est-il un poids plus qu'une fierté pour les membres de la famille ? Quelle est la dynamique actuelle ? Y a-t-il des conflits sous-jacents qui pourraient s'envenimer ? Comment les prochaines phases de transitions de gouvernance se préparent-elles ? Peut-on faire quelque chose qui pourrait améliorer la dynamique émotionnelle du système familial ?

Sur les facteurs d'engagement, y a-t-il des héritiers passifs ? Quel est leur nombre proportionnellement au nombre d'actionnaires ? Ont-ils une capacité de nuisance non négligeable ? Comment partagez-vous les rôles et les responsabilités de telle sorte que chacun puisse trouver sa place et s'engager plus facilement ? Y a-t-il des enjeux liés à l'impact social et environnemental de la famille actionnaires et/ou de ses entreprises ?

Sur les facteurs de robustesse, le patrimoine de vos actionnaires est-il suffisamment robuste pour ne pas créer de surpression financière supplémentaire à l'entreprise familiale, notamment en cas de difficultés ? Que pourriez-vous mettre en place, quelle serait la bonne trajectoire ? L'entreprise familiale se trouve dans quel cycle économique de son histoire ? Si sa santé est très bonne, c'est l'occasion de prendre le temps pour challenger votre organisation et votre structuration actuelle afin d'effectuer un travail de fond qui continuera à renforcer vos fondations en tant que famille entrepreneuriale. À l'inverse, si elle est dans une situation difficile, prenez le temps avant d'agir, vous ne pourrez pas tout challenger en même temps et risquez de fragiliser votre système.

Enfin, comment appréhender l'orientation entrepreneuriale de votre famille ? Est-elle stimulée au sein de vos entreprises ainsi qu'au sein de votre cercle actionnaire ? Que pourriez-vous faire pour l'aiguiser ?

Rappelez-vous, la confiance n'est qu'une conséquence, elle n'est jamais acquise, il faut des années pour la construire et quelques secondes pour la perdre. C'est un travail continu qui implique une dynamique de l'intérieure vers l'extérieure, résolument tournée vers les émotions de votre système pour l'enrichir et le stabiliser. Mais lorsqu'elle est présente, la vitesse qui l'accompagne peut être parfois grisante, car tout semble s'aligner, les décisions se prennent rapidement, les échecs sont vécus comme des apprentissages, la communication est fluide et transparente et l'ensemble des parties prenantes semblent engagées.

Rappelez-vous, la formule de la confiance est composée dans son numérateur de plusieurs éléments multipliés les uns aux autres, un seul de ces facteurs égal à zéro et c'est toute la confiance qui est en danger dans le système.

L'ESSENTIEL

- Il y a quatre groupes de facteurs qui constituent la formule de la confiance : les facteurs émotionnel, d'engagement, de robustesse et d'innovation.
- Le nombre d'héritiers passifs a tendance à faire baisser cette confiance. Ils constituent un groupe passif au sein des entreprises de la famille mais qui vivent en partie des revenus de celle-ci, essentiellement de dividendes ou de vente de leurs parts.
- À l'inverse, les projets entrepreneuriaux de rupture au sein du cercle entreprise et du cercle actionnaire ont une force d'accélération de cette confiance lorsqu'ils réussissent.
- L'objectif de la formule n'est pas de calculer son score mais de comprendre les différentes composantes qui la constituent pour pouvoir agir dessus.

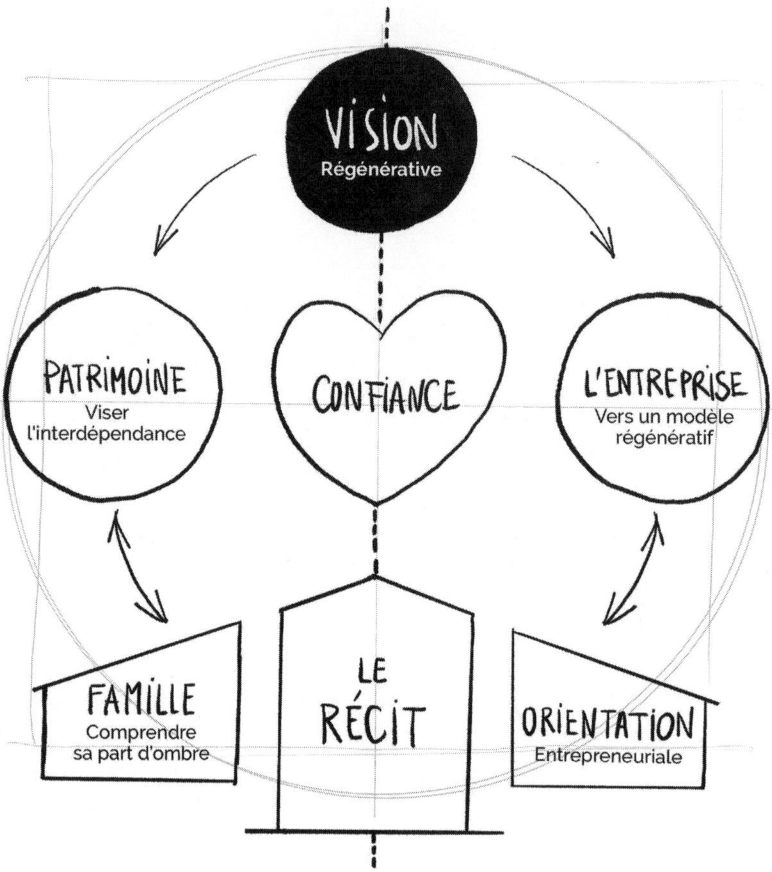

***Figure 6** – La tête*

CHAPITRE 3

La tête : l'ambition familiale à visée régénérative

« Les seules limites sont, comme toujours, celles de la vision. »
James Broughton

Executive Summary

- Une vision à visée régénérative intègre quatre capitaux : réputationnel, sociétal, humain et financier, dont toutes les familles entrepreneuriales disposent, à l'instar des entreprises *corporate* qui ne les détiennent pas forcément ou ne les cultivent pas comme ces organisations familiales.
- Il est essentiel de bien faire la distinction entre la vision de l'entreprise familiale et celle de la famille entrepreneuriale. Ce chapitre est dédié aux actionnaires familiaux.
- Un outil en quatre étapes permet de structurer une vision à visée régénérative pour inspirer les actionnaires familiaux, faire un diagnostic de ses quatre capitaux, projeter la famille dans les prochaines décennies et structurer une vision engageante pour le collectif familial.

RÉGÉNÉRATIF, LA NOUVELLE LA MODE

Le terme « régénératif » est apparu au cours des dernières décennies dans un contexte politique mais également économique, social et environnemental. Il a notamment émergé dans le cadre des dix-sept objectifs de développement durable structurés au sein de l'Organisation des Nations unies. Ceux-ci visent à encourager tous les États du monde à amorcer une transition de vers une économie à visée régénérative d'ici 2030. Pour répondre à la crise climatique, le terme « régénératif » a également structuré la pensée visant à modéliser une économie capable d'initier une bascule d'une économie extractive vers une économie régénérative. Bascule dont la Convention des entreprises pour le climat (CEC), mouvement d'utilité publique français, en a fait sa raison d'être : « rendre irrésistible la bascule de l'économie extractive vers une économie régénérative avant 2030 ».

L'approche régénérative part du principe que notre économie dite « extractive » développe des modèles économiques basés sur l'extraction massive de ressources naturelles sans les remplacer. Et dans un monde qui n'est pas infini, le modèle extractif semble voué à une fin certaine. Le modèle régénératif cherche donc à transformer nos modèles pour rechercher un équilibre permettant de rendre nos modèles économiques durables et pérennes.

C'est tout le principe de La Théorie du donut[16] qu'a brillamment théorisé Kate Raworth et qui propose un système économique alternatif. Il repose d'une part sur une base sociale minimale garantissant que personne ne soit privé des besoins vitaux, et d'autre part sur un plafond environnemental visant à préserver nos ressources planétaires et à maintenir la vie sur Terre. Entre les deux, se trouve ce donut, un anneau où l'on peut trouver cet équilibre pour garantir la durabilité de notre civilisation[17].

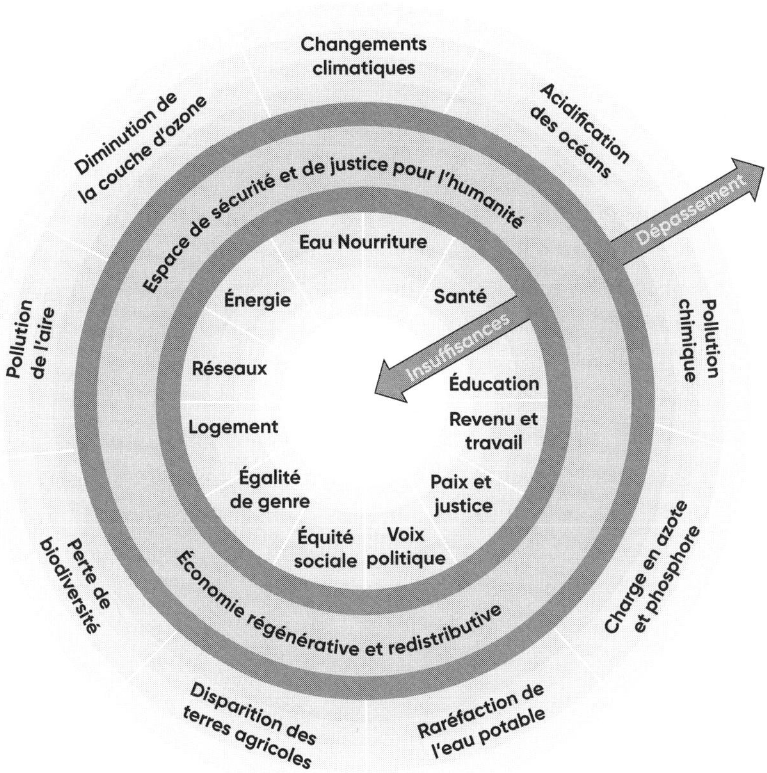

Figure 7 *– La Théorie du donut*

Dans le contexte d'une entreprise familiale, la visée régénérative vient s'ancrer à plusieurs niveaux du système familial. Il implique de challenger notamment la manière dont il aligne les intérêts de l'entreprise, des actionnaires et de la famille, tout en respectant l'enjeu des quatre capitaux dont cette dernière dispose.

VISION DE LA FAMILLE ACTIONNAIRE

Toute démarche de professionnalisation de la gouvernance familiale d'une famille actionnaire inclut en son centre un travail sur les valeurs et la vision de la famille. Nous avons vu préalablement que les valeurs étaient inscrites dans le récit familial et qu'il pouvait être intéressant de les faire émerger lors du travail sur la (double) courbe de vie de la famille. Ce qui nous intéresse ici est la démarche d'intégration d'une « visée régénérative » dans ce travail de vision, car il ne suffit pas d'intégrer un pilier durable dans la vision familiale pour régler le problème. L'expression est choisie à dessein. Il est en effet important de comprendre pourquoi ces familles choisissent aujourd'hui, plus qu'hier, d'intégrer ces éléments dans leur vision. L'objectif est d'éviter la mauvaise pratique qui consisterait à faire plaisir à certains actionnaires familiaux pour éteindre les critiques récurrentes sur les enjeux climatiques au sein de la famille, et ainsi flirter avec le *greenwashing*.

La vision, c'est le cap, c'est là où l'on souhaite aller ensemble, et ce travail effectué au niveau de la famille, lui permet de se projeter souvent sur une génération, et donc sur un horizon à vingt ans. Elle se doit d'être inspirante et co-construite pour engager le collectif, dépassant les objectifs à court terme pour se projeter à long terme et permettre à chacun d'y trouver une source de motivation et d'alignement. Lorsque l'on intègre la notion de régénérative dans cette vision, on ouvre le champ de l'impact que la famille souhaite avoir d'un point de vue social et environnemental dans les vingt ans à venir. Cet impact est très différent de l'idée de faire moins mal que ce que l'on fait déjà, mais au contraire de réfléchir à l'impact positif que sa famille pourrait avoir avec les actifs qu'elle détient. Je ne parle pas ici de philanthropie, les familles entrepreneuriales sont historiquement toutes engagées par leur ancrage territorial et soutiennent toutes des actions sociales et solidaires dans leurs régions ou à travers le monde. Je parle ici de l'évolution de leurs modèles économiques et ce qu'elles peuvent en attendre, que ce soit au niveau de l'entreprise ou de leur patrimoine.

Dans une vision régénérative, l'orientation entrepreneuriale de la famille se distingue par sa capacité à relever les enjeux des quatre capitaux qu'elle détient et à travailler sur chacun d'eux.

LES QUATRE CAPITAUX DES FAMILLES RÉGÉNÉRATIVES

Le capital financier

Actif, il est celui qui porte l'entreprise familiale, dont l'objectif est de développer un modèle économique pérenne, c'est-à-dire capable de produire de la richesse dans un marché donné et de partager cette richesse avec ses parties prenantes dont les actionnaires familiaux. Il est le capital que partage toute entreprise, familiale ou non, mais dans notre cas, l'enjeu de ce capital consiste à réfléchir à la manière dont il est capable de continuer à produire des richesses, mais cette fois-ci de manière durable. L'enjeu sera plus ou moins simple en fonction de l'industrie ou le secteur d'activité dans laquelle votre famille intervient parfois depuis plusieurs générations La famille possède également des capitaux dans son patrimoine. Pour assurer sa résilience économique et orienter ses investissements, elle a le pouvoir d'utiliser ces ressources financières en intégrant les principes de la finance responsable, durable et à impact. Nous détaillerons ces aspects dans le chapitre dédié au territoire d'action du patrimoine (*cf.* chapitre 6). Ces capitaux peuvent avoir plusieurs objectifs, notamment ceux de protéger la famille, pérenniser la transmission et investir sur des nouveaux territoires patrimoniaux ou entrepreneuriaux.

Ce capital financier est bien entendu diversifié : il comprend des participations dans les entreprises détenues par la famille, le patrimoine immobilier, ainsi que des liquidités, plus ou moins importantes, gérées activement.

Le capital humain

Il est l'un des actifs les plus précieux de ces familles entrepreneuriales parce qu'il est multiple et parce qu'il est celui qui contribue le plus au récit de la famille. Le capital humain est composé d'abord de celui de la famille, ses forces vives, qui sont composées de ses actionnaires, de leurs conjoints et enfants. Il pourrait paraître décalé de parler de capital lorsque l'on parle d'humain, mais j'aime à penser que l'humain est capital et donc n'est pas une ressource pour le mouvement familial, mais bien un actif qu'il convient de comprendre et de mettre en mouvement si la vision de la famille entrepreneuriale est d'engager ce collectif pour la génération à venir. Plusieurs enjeux se connectent en cascade : la gestion des talents et des compétences de la famille, les questions d'égalité et d'équité qui en découlent, et le cadre proposé aux nouvelles générations pour les accueillir dans le mouvement.

Mais le capital humain est aussi représenté par toutes les familles qui travaillent dans les entreprises de ces familles entrepreneuriales. Les entreprises familiales sur ce terrain disposent de quelque chose qui se perd dans le monde *corporate*, qui est la mémoire. La mémoire des hommes et des femmes qui, pour certains, ont accompagné le fondateur et qui peuvent être proches de la retraite. Ces personnes sont accompagnées, y compris lorsque leur niveau de performance change ou n'est peut-être plus adapté à la situation de l'entreprise, car cette dernière se rappelle. Ces entreprises disposent d'une mémoire collective, une contribution que chacun a pu avoir dans les différentes phases de croissance de l'entreprise. On trouve d'ailleurs parfois plusieurs générations de collaborateurs d'une même famille au sein de ces entreprises familiales. Et l'on retrouve souvent ce double capital humain dans les visions familiales.

Le capital sociétal

Les familles entrepreneuriales ont toujours porté ce troisième capital. Il est celui qui répond à la question : comment notre famille contribue-t-elle à la société et à l'environnement ? De par leur ancrage territorial fort, ces familles ont souvent accompagné le développement de leurs territoires, notamment par des actions philanthropiques ou de mécénats, mais également politiques ou de partenariats. Mais ce qui change aujourd'hui, c'est que ce capital sociétal s'est renforcé aux cours des dernières décennies par l'impact social et environnemental que ses familles représentent par la détention de leurs différents actifs : l'entreprise et le patrimoine familial.

Nous évoquions préalablement dans le chapitre 2, l'histoire de la fille d'un dirigeant, appartenant à la seconde génération d'une entreprise familiale de textile d'une centaine de millions d'euros de chiffres d'affaires. Elle exprimait sa résistance à rejoindre le mouvement familial lié à l'impact de cette industrie sur l'environnement, mais aussi son impact social. Bon nombre de ces sociétés familiales de la *fast fashion* ont dû, pour subsister dans cette industrie très compétitive, délocaliser leurs activités en Inde, au Bangladesh, au Vietnam, à Madagascar et ailleurs. Certaines de ces localisations sont maintenant challengées par tout ou partie des actionnaires familiaux, non pas concernant la véracité du modèle et surtout des enjeux économiques, mais sur la manière dont ces sites contribuent au capital sociétal de la famille. En effet, en Inde, l'industrie du textile est l'un des secteurs où le travail des enfants est le plus répandu. Selon l'Organisation internationale du travail (OIT), l'Inde compte environ 5,8 millions d'enfants travailleurs. Au bangladesh, une étude de 2016[18] a révélé que les enfants des bidonvilles de Dacca, âgés de 6 à 14 ans, travaillaient en moyenne 64 heures par semaine, souvent dans des usines textiles fournissant des marques internationales.

Il n'y a bien entendu pas de situation idéale, ni de volonté dans mon propos de demander à ces familles de se relocaliser en France immédiatement, mais simplement de mettre l'emphase sur la quadrature du cercle auxquelles elles font face lorsqu'elles souhaitent aligner leur vision familiale et se projeter dans les vingt prochaines années. Structurer son capital sociétal autour d'éléments à visée régénérative influencera nécessairement le développement des entreprises qu'elle détient, ainsi que la gestion de ses actifs patrimoniaux.

Le capital réputationnel

C'est l'actif intangible le plus important de ces familles. Leur réputation peut être lourde à vivre lorsque le nom de la famille est également le nom de l'entreprise. Ce capital réputationnel est fortement influencé par le récit et les aventures vécues par la famille à travers le développement de ses entreprises. Il inclut parfois des épisodes plus sombres, avec lesquels il est essentiel de dialoguer régulièrement. Je pense ici aux périodes de guerre du XXe siècle et des liaisons dangereuses auxquelles certaines entreprises ont dû faire face. Après la Seconde Guerre mondiale, plusieurs entreprises françaises ont été nationalisées en raison de leur collaboration avec l'occupant nazi. Cette nationalisation faisait partie des mesures de l'épuration économique menées par le gouvernement provisoire dirigé par Charles de Gaulle.

La réputation de ces familles a également traversé une période de bouleversement avec l'avènement des réseaux sociaux et des risques qu'ils ont engendrés pour leur image, lorsque des individualités ont pu avoir des comportements en décalage avec les valeurs portées par les familles.

Ce capital réputationnel est parfois lourd à porter pour les plus jeunes ou pour ceux qui ont souhaité se détacher du mouvement familial. Cependant, en portant toujours le nom de l'entreprise, ils restent malgré eux au contact, ne serait-ce que par les questions posées par leur cercle professionnel ou personnel proche. Intégrer ce capital dans un travail de vision familial est très structurant. Il doit pouvoir proposer une perspective inspirante au membre de la famille, qui dépasse largement la détention de leurs actifs, et qui construit le récit familial en engageant les descendants à y participer.

L'outil
Quatre étapes pour bâtir la vision régénérative

Étape 1 : Inspirer les actionnaires familiaux

Il existe une multitude de possibilités pour permettre aux actionnaires familiaux de développer des sources d'inspiration et d'échanges qui leur permettront de bâtir une vision régénérative et des objectifs ambitieux pour chacun de ces capitaux. Cette étape demande un temps long pour structurer les attentes de la famille.
Quelques exemples :

1. Rejoindre des associations comme le Family Business Network, une association internationale accessible aux actionnaires d'entreprises familiales et qui permet des échanges sur les bonnes pratiques d'organisation et de gouvernance. En France, il existe des délégations régionales qui permettent des rencontres régulières.

2. Développer les compétences des membres via des parcours de formation d'administrateur. Il en existe plusieurs en France mis en place par de grandes écoles renommées.

3. Rejoindre la convention des entreprises pour le climat pour ceux qui souhaitent aller plus loin ou des associations comme Climate Protectors qui permet à des familles d'échanger sur leurs bonnes pratiques en leur faisant rencontrer des experts inspirants. La fresque du climat comme introduction aux enjeux climatiques, il y a en maintenant toute une déclinaison par grands enjeux.

4. Organiser des *learning expedition* (des voyages d'études, ou d'apprentissage) pour comprendre comment évoluent les grandes tendances en allant à la rencontre de marché ou d'entreprises de secteurs innovants connexes aux marchés des entreprises familiales.

Étape 2 : Produire un diagnostic des quatre capitaux

Faire le diagnostic des quatre capitaux est essentiel pour éviter de se focaliser naturellement et exclusivement sur le financier. Il va permettre à la famille de prendre conscience de l'écart qu'il existe entre le présent et là où ils souhaitent aller dans le futur sur ces différentes dimensions.

Il y a différentes manières d'effectuer ces diagnostics. Chaque famille, chaque family office, chaque expert et chaque consultant dispose de processus spécifiques qui fonctionnent très bien. Le propos n'est pas ici de vous proposer un modèle de diagnostic, mais d'insister sur la nécessité de les faire avant de projeter la famille. Je vous recommande *a minima* de produire un SWOT[1] qui permet de produire une photographie synthétique de la situation de la famille au regard de ces quatre capitaux. Il ne s'agit nullement d'un SWOT de l'entreprise, mais bien de la famille entrepreneuriale au travers de ses capitaux distinctifs : financier, humain, sociétal et réputationnel.

Étape 3 : Projeter les ambitions des quatre capitaux sur vingt ans

Qu'aimeriez-vous avoir atteint dans les vingt ans qui viennent pour chacun de ces capitaux ? Il n'est pas nécessaire à ce stade de rentrer dans des éléments chiffrés mais de décrire la situation souhaitée.

Étape 4 : Structurer la vision

Là encore, il y a différentes manières de structurer une vision. Je vous partage deux outils que j'utilise systématiquement.

1. Dessiner la famille entrepreneuriale aujourd'hui et dans vingt ans et demander aux familles de décrire leurs dessins. Ces outils regorgent d'informations, y compris sur la part d'ombre de la famille, que nous explorerons dans le territoire d'action qui lui est consacré.

2. Demander aux actionnaires familiaux d'écrire l'article qu'un journaliste pourrait écrire dans vingt ans à propos du chemin parcouru par leur famille entrepreneuriale. Enfin, écrire le titre de cet article, qui pourra devenir la *base line* de la vision familiale.

1. *Strengths* ; *Weakness* ; *Opportunities* ; *Threats* ou en français Forces ; Faiblesses ; Opportunités ; Menaces.

Aparté sur l'utilisation des dessins

Le dessin est un langage projeté par un individu et qui peut refléter d'une certaine manière ses joies et ses peines[19]. Le dessin est utilisé de façon intensive par les psychologues et psychanalystes professionnels, ainsi que par des professionnels dans les domaines de l'accompagnement organisationnel et de l'art-thérapie. En 1926, la psychologue américaine Florence Goodenough a développé le test « dessine un homme » comme un outil permettant une évaluation non verbale de l'intelligence et plus précisément comme un test de personnalité projectif ou un test cognitif, afin d'évaluer les aspects psychologiques chez les enfants. De nombreuses autres techniques ont été développées, notamment la « technique du dessin symbolique de la famille », qui est un outil demandant aux participants de représenter leur famille, y compris eux-mêmes, par toute représentation symbolique, excepté humaine. Par exemple, un chat et un chien représentant des parents qui se disputent souvent[20].

L'utilisation des dessins dans le coaching dérive de l'art-thérapie. Cela ouvre une porte vers l'inconscient individuel et collectif des participants. C'est aussi l'idée centrale du *social dream-drawing*, un autre processus qui s'appuie sur l'idée d'éclairer les problèmes inconscients des organisations et des systèmes, en combinant le processus d'association libre avec le contexte extérieur, afin de faire émerger l'inconscient collectif de ces organisations. Les dessins fournissent une « représentation physique des images oniriques originales, généralement illusoires et fantastiques, qui peuvent finalement décrire plus précisément la réalité inconsciente exprimée verbalement[21] ».

L'ESSENTIEL

- **La famille à visée régénérative demande d'aller explorer en profondeur les quatre capitaux de la famille : le financier, l'humain, le sociétal et le réputationnel. Ils sont ce qui rend ces familles distinctives et permettent à chaque membre de la famille de trouver sa place en tant que contributeur à la vision familiale et sa mise en œuvre.**
- **La famille entrepreneuriale détient l'entreprise familiale et non l'inverse. Le travail de vision à cette étape est celui de la famille et non de l'entreprise. Avoir une vision inspirante, forte, qui permet d'engager l'ensemble des actionnaires familiaux, est l'une des clés pour réussir ensemble en famille avec la génération suivante à bord.**
- **Il y a quatre étapes pour structurer une démarche de vision régénérative. La première consiste à prendre le temps de l'inspiration. Les retraites familiales sont souvent très appropriées pour ce genre d'exercice. Cette étape est suivie par le diagnostic des quatre capitaux avant de pouvoir se projeter et la structurer en famille.**

CONCLUSION DE LA PREMIÈRE PARTIE TÊTE – CORPS – COEUR

L'organisation familiale pour coordonner les enjeux de la colonne vertébrale d'une structure à visée régénérative est évidemment importante. Il n'y a pas de révolution ici, mais juste une clarification des rôles et des responsabilités. Le conseil de famille ou son équivalent est le garant du bon fonctionnement de la colonne vertébrale. Son succès réside dans sa capacité à engager la famille, à créer les bons rituels et à garantir une communication optimale. La charte familiale en est le réceptacle. S'il n'existe pas encore de conseil de famille, ou que cela ne paraît pas opportun, l'enjeu réside dans la capacité du collectif à ne pas mélanger les sujets. Cette colonne vertébrale n'est pas la colonne de l'entreprise familiale, mais bien celle de la famille actionnaire. Les mêmes personnes sont souvent impliquées dans le processus, notamment parce qu'il y a des enjeux évidents de compétences et d'appétences pour soutenir le projet familial. Néanmoins, c'est une formidable opportunité d'engager les actionnaires non exécutifs à participer au projet collectif. Enfin, la démarche est un chemin de l'intérieur vers l'extérieur. Du récit à la vision. Comprendre son histoire et inspirer la famille à écrire le prochain récit. Il est résolument émotionnel.

Et rappelez-vous qu'une bonne gestion de la confiance permet de déplacer des montagnes.

TÉMOIGNAGE

***Caroline Schildt,** directrice de la transition et du développement durable Picoty, présidente du fonds de dotation Picoty.*

CENT ANS D'HÉRITAGE : UNE ENTREPRISE ENTRE RACINES RURALES ET DÉFIS MODERNES !

Je suis l'aînée de la 4e génération de la famille Picoty – Ridoire – Lazarus, une génération qui compte 16 cousins actionnaires issus de 7 familles, elles-mêmes issues de 3 branches. Ensemble, avec nos 18 enfants en G5, nous formons une famille élargie de 52 membres – incluant les valeurs ajoutées (entendez conjoints), parce qu'eux aussi méritent leur place au tableau d'honneur !

Picoty SAS fête ses cent ans en septembre 2022. Notre entreprise enracinée à La Souterraine dans la Creuse, a prospéré principalement dans l'univers des énergies fossiles. Une aventure née de la mécanisation agricole et de l'industrialisation. Si, pendant des décennies, le moteur de notre entreprise a été de fournir l'énergie nécessaire à la modernisation de nos territoires, à l'ouest de la France, nous faisons aujourd'hui face à un double défi : une transition générationnelle et une transition écologique. Deux tremblements de terre pour une structure familiale qui nous poussent à redéfinir notre cap, mais aussi une formidable opportunité de nous réinventer ! Avec la casquette de directrice du développement durable, je me tiens à l'intersection de ces transitions : une position stratégique et souvent un numéro d'équilibriste !

Se réinventer, c'est commencer par mieux se connaître. Dès 2019, nous avons cartographié notre capital humain pour bâtir sur nos acquis, pour faire comprendre à nos aînés que la relève est assurée, que les compétences et le désir sont de la partie. Un inventaire qui nous a permis de cheminer vers une confiance conscientisée et exprimée !

De cette initiative familiale et humaine va naître un véritable devoir de mémoire, un travail émotionnel de recherche fouillée dans notre histoire, piloté par deux femmes de la génération 3, pendant six mois : l'élaboration de notre double courbe de vie a été une étape décisive et fondamentale dans l'aventure. Source de nombreuses révélations, nous avons véritablement pris conscience des moteurs de l'entrepreneuriat très social, de la place réelle des femmes en coulisses dans l'histoire de l'entreprise et des valeurs qui ont guidé les choix des générations successives. Nous avons pu confirmer un ancrage territorial omniprésent et une volonté profonde d'impact social, des décisions guidées par le cœur, par l'intuition plus souvent que par la performance.

Sans le savoir, ce travail s'avérera capital deux ans après pour écrire le livre photo de nos cent ans !

L'intérêt émotionnel de la démarche a été prouvé à maintes reprises ces dernières années : nous avons solidifié les bases et renforcé la confiance, fait naître l'admiration de nos anciens envers les jeunes et *vice et versa*. Vers plus de respect mutuel, les jeunes ont été subjugués par l'histoire, par des anecdotes croustillantes, parfois détonantes, provoquant désaccords et débats, car certains faits prescrits étaient soumis à interprétation différemment selon les branches, les éducations, l'éloignement et la sensibilité individuelle ! *Exit* les doutes, place à une confiance réciproque.

Nous nous sommes ainsi posé la question d'où démarrait réellement notre histoire entrepreneuriale et si nous étions la 7e ou la 5e génération ? Malgré des aïeux très dynamiques, nous avons choisi à l'unanimité de nous concentrer sur les prémices de notre métier actuel qui démarrait avec mon arrière-grand-père ! Nous en étions donc à la génération 5. Tout aurait pourtant pu démarrer en 1785 d'un premier André Picoty, il faudra attendre le second André Picoty, né en 1898, pour démarrer le récit des fondations de l'entreprise actuelle !

Cette introspection nous a permis de redécouvrir les valeurs qui ont guidé les générations successives tout au long de notre double courbe de vie et qui continuent de définir notre identité : **audace, modestie, unité familiale, respect, enthousiasme et engagement.** Avec ces six piliers, réunis sous l'acronyme « AMURÉE », nous avons posé des repères solides, tels des marins ajustant leur cap dans la tempête. Nous avons rédigé une définition commune de chacune de ces valeurs, une occasion de plus (rare et historique) de nous aligner !

De ces valeurs sont nés des principes de communication, que nous avons formulés et largement communiqués à la famille. Nous avons aussi travaillé sur nos inquiétudes pour la Société avec un grand S et sur ce à quoi nous pensions pouvoir contribuer et transformer. Quelle vision avons-nous d'un monde meilleur ? Quelle vision sur notre famille dans vingt ans en une phrase ? puis en un dessin ? : atelier folklorique et créatif, profondément fédérateur et puissant. Forts de ce récit, nous avons posé notre vision ! Des supports et infographies sont même nés, des montages vidéo de ces moments ont immortalisé le cheminement intellectuel et la fierté que nous avons éprouvée à accoucher **d'une vision commune devenue évidente pour nous tous « oser ensemble un impact positif et transmettre notre passion d'entreprendre !** » C'est ainsi qu'est née notre « boussole familiale ».

L'exploration et l'analyse de quatre capitaux sous forme de forces et faiblesses nous a ensuite donné confiance en notre capacité à relever les défis qui se présentent à nous aujourd'hui.

Nous produisons notre charte familiale et en créant notre conseil de famille avec une mission bien définie. Certains cousins se sont alors sentis plus libres d'exprimer leurs frustrations, leurs ambitions, leur niveau de confiance dans le projet commun. Les langues se sont déliées et cela a permis un véritable travail d'alignement dans un cadre d'expression et de débat bienveillant. J'insiste sur le fait que se faire accompagner par un tiers est absolument capital à cette étape. C'est sur ces bases que la gouvernance actuelle s'est construite.

Concernant la gouvernance du cercle entreprise, nous avons cheminé d'un directoire avec trois familiaux et un externe vers deux familiaux seulement aujourd'hui. Sur le cercle actionnaires, notre conseil de surveillance composé de quatre familiaux initialement, est désormais composé de sept membres dont trois administrateurs indépendants, choisis pour leurs compétences en phase avec nos enjeux.

Notre engagement ne s'est pas arrêté là. En cinq ans, nous avons franchi plusieurs étapes clés :

- Deux ans après le début de ce travail, nous participons au certificat de gouvernance des entreprises familiales pour écrire notre plan de transition générationnelle sur dix ans.
- Trois ans après, nous démarrons le premier parcours de la convention des entreprises pour le climat, pour écrire notre feuille de route de transition écologique, avec une G4 consciente de sa responsabilité dans le dérèglement climatique.
- Cinq ans après, nous formulons ensemble notre thèse d'investissement pour cultiver l'entrepreneuriat au sein de la famille, en dehors de l'entreprise et pour contribuer à l'émergence d'un nouveau monde.

De la gouvernance familiale au climat, nous avons fait de la transition écologique un projet collectif !

Cette aventure nous a appris une chose essentielle : l'avenir d'une entreprise familiale ne se construit pas seul. C'est en valorisant nos racines, en embrassant la diversité de nos talents, et en partageant une vision claire que nous avons pu transformer nos défis en opportunités.

Des défis, nous en avons encore beaucoup devant nous. Le président actuel est probablement l'un des plus petits actionnaires de la famille, pour des raisons de transmission par branche. Cela doit nous amener à réfléchir aux enjeux d'équité et d'égalité dans notre actionnariat familial. En cascade, cette réflexion pourrait aussi amener notre famille à réfléchir à ses dogmes, et typiquement celui de professionnaliser une réflexion autour d'une bourse d'échange, pour permettre de créer à la fois de la liberté pour ceux qui souhaitent partir et des opportunités pour ceux qui s'engagent dans l'entreprise. Enfin, notre siège historique, à la Souterraine dans la Creuse, est un défi pour attirer les prochaines générations mais également des talents au sein de notre entreprise. Et il y en a bien d'autres.

À toutes les familles qui hésitent à réinventer leur gouvernance, je dis : osez ! Osez plonger dans votre histoire, libérer les ambitions et rêver en grand.

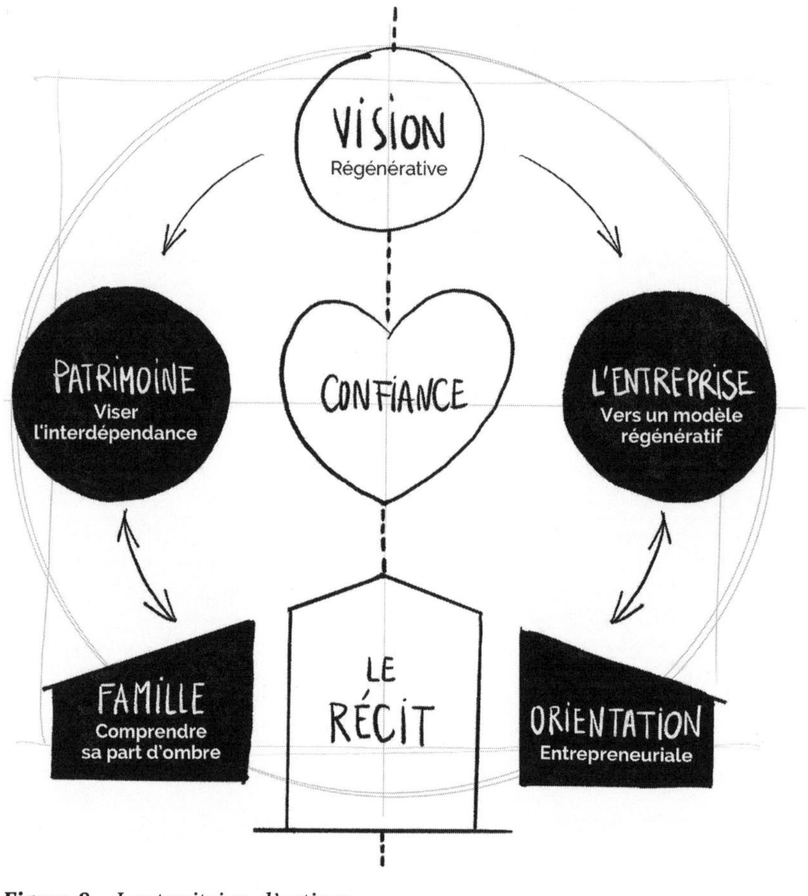

Figure 8 *– Les territoires d'actions*

LES TERRITOIRES D'ACTIONS DE LA GOUVERNANCE RÉGÉNÉRATIVE

« Maintenant je sais que l'homme est capable de grandes actions. Mais s'il n'est pas capable de grands sentiments, il ne m'intéresse pas. »
Albert Camus (*La Peste*)

Ces quatre territoires d'actions sont indépendants les uns des autres mais sont tous interdépendants pour réussir. Ils sont une carte à travers laquelle il convient de naviguer et d'investir du temps, des ressources spécifiques et des compétences pour réussir. Même si tout cela n'existe que grâce à la réussite initiale d'une entreprise devenue familiale.

L'entreprise et le patrimoine sont souvent avancés dans leur organisation et leur professionnalisation. Les activités entrepreneuriales et la famille le sont souvent beaucoup moins.

Plus les éléments de la colonne vertébrale tête -corps-cœur sont structurés, plus la confiance est forte, plus il sera facile de déployer ces quatre territoires.

Ces quatre territoires offrent de nombreuses opportunités d'expressions à l'ensemble des membres de la famille, l'entreprise n'est pas le seul.

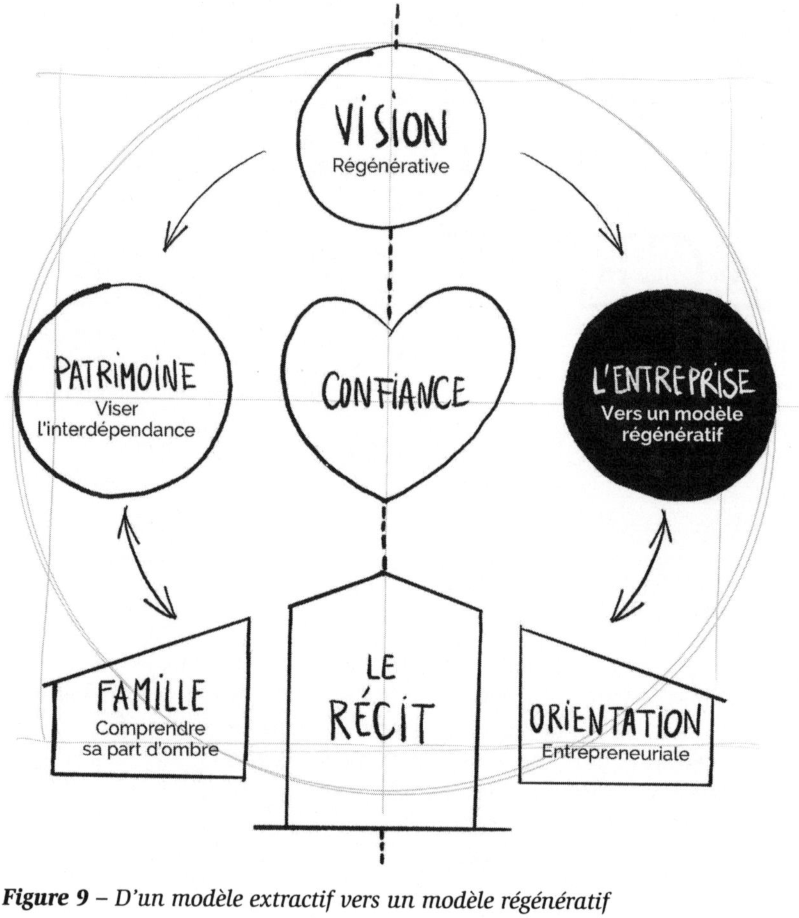

***Figure 9** – D'un modèle extractif vers un modèle régénératif*

CHAPITRE 4

Initier la bascule d'un modèle extractif vers un modèle régénératif

« Il va maintenant falloir vivre dans un monde fluctuant, c'est-à-dire inventer la civilisation de la robustesse, contre la performance. »
Olivier Hamant

Executive summary

- Les enjeux sociaux et environnementaux, les marchés et la réglementation imposent aux entreprises de revisiter leur modèle. Les plus avancées ont choisi d'initier une bascule d'un modèle extractif vers un modèle régénératif. Au-delà des enjeux des marchés qui vont s'imposer tôt ou tard à toutes les entreprises, un enjeu supplémentaire pour les entreprises familiales est d'attirer la nouvelle génération à bord.
- Ces enjeux nécessitent de structurer plus que jamais une gouvernance appropriée et de s'assurer que son ou ses conseils d'administration disposent des compétences et de processus de décisions adéquates pour accompagner l'entreprise dans des phases de transition qui peuvent, à certains égards, être vécus comme des moments difficiles ou hasardeux pour les actionnaires familiaux.

POURQUOI PASSER D'UN MODÈLE EXTRACTIF À UN MODÈLE RÉGÉNÉRATIF ?

Depuis quelques années, la Convention des entreprises pour le climat a adopté le terme « régénératif » pour influencer le monde de l'entreprise, en particulier les ETI et PME majoritairement familiales, et les encourager à opérer une transition d'un modèle extractif vers un modèle régénératif. Elle a d'ailleurs récemment signé un partenariat avec le FBN France[1], un réseau d'entreprises familiales associatif, qui accompagne les actionnaires de ces familles à structurer leur gouvernance et à partager les meilleures pratiques.

Le problème du terme régénératif, comme les termes « durable » ou « responsable », c'est qu'il crée beaucoup de confusion sur ce qu'il implique et ce qu'il représente avec le risque de vouloir repeindre les murs en vert sans changer significativement la manière dont fonctionnent nos entreprises. Le terme a été étudié par Bill Reed. Avec ses équipes, il a développé un processus qui permet de comprendre précisément la différence entre durabilité et régénératif. On peut synthétiser son approche par le fait que la durabilité s'appuie sur des objectifs, essentiellement les fameux critères ESG, là où l'approche régénérative est un processus. Ce processus permet de prendre conscience que puisque tout est connecté, une approche écosystémique est alors fondamentale et nécessaire si l'on souhaite atteindre un équilibre holistique de nos écosystèmes commerciaux et naturels. Bien entendu, il est plus facile pour le monde agricole d'intégrer dans son modèle cette notion de régénératif qu'une entreprise de services, de conseil ou de l'industrie financière. Et c'est la raison pour laquelle cette bascule qu'essaie de rendre désirable ce mouvement de la CEC[2] n'est pas si évidente car l'enjeu est de taille. Comment nos entreprises peuvent-elles

1. Family Business Network.
2. Convention des entreprises pour le climat.

repenser leurs modèles d'affaires et leur modèle économique, qui semble aujourd'hui inapproprié pour relever les grands défis de notre société ? D'autant plus lorsque les enjeux sont écosystémiques et sont challengés par les règles du système conventionnel, du libre-échange et de la compétition comme base de régulation des marchés.

Pourtant, six des neuf limites planétaires sont dépassées. Les inégalités repartent à la hausse dans nos économies développées[22]. Les pénuries de matières premières, les aléas climatiques et les coûts de l'énergie mettent les entreprises dans une étape de leur existence où la crise devient la norme, à chaque année son aléa social ou environnemental. La course à la croissance et à la rentabilité atteint ses limites. Les Occidentaux ont d'ailleurs exporté ce qui n'était pas aligné avec leur système et leurs valeurs dans des pays en voie de développement ou pauvre, essentiellement en Afrique et en Asie, pour rester compétitifs sur leurs marchés. Un modèle en complète contradiction avec La Théorie du donut citée précédemment. La RSE, mise en place dans les entreprises, vise essentiellement à réduire les externalités négatives et rarement à projeter l'entreprise dans sa capacité à développer un modèle d'affaires capable structurellement de développer des impacts positifs. N'y voyez pas une injonction, la particularité des entreprises familiales est qu'elles sont capables de projeter leurs investissements sur plusieurs générations, car l'une de leur ambition est justement de passer à la génération suivante. Elles sont les mieux placées pour comprendre que les crises qu'elles vivent actuellement sont liées à la fin d'un modèle, extractif, ayant des impacts environnementaux et sociétaux désastreux. Regardez l'industrie du textile, la deuxième industrie la plus polluante du monde, et le nombre d'entreprises familiales de ce secteur, PME ou ETI, qui ont soit disparu, soit été forcées de vendre, soit restent dans des situations très fragiles. Certes se battre temporairement contre les géants de l'industrie impose de fabriquer dans des pays en voie de développement, mais la garantie qu'aucun enfant n'aura participé de près ou de loin à la production de ces vêtements reste relativement théorique et attirer la nouvelle génération peut s'avérer plus difficile. L'enjeu n'est donc pas de l'ordre du marketing, de la communication ou de la réputation. L'enjeu est vital pour l'entreprise. Comment se projeter dans les vingt ans qui viennent avec un modèle d'affaires pérenne et régénératif permettant d'attirer la nouvelle génération à bord ? Je suis convaincu qu'avec leur ancrage territorial, leurs collaborateurs, leurs valeurs, leur vision à long terme, les entreprises familiales pourraient avoir la prétention de changer le monde en initiant cette bascule.

C'EST QUOI UNE ENTREPRISE RÉGÉNÉRATIVE ?

John Fullerton, ancien banquier américain de Wall Street et fondateur du *Capital Institute*, est l'un des experts internationaux dont les travaux ont permis de modéliser le processus d'une économie à visée régénérative en s'inspirant des principes de la nature. Il critique le modèle actuel, qu'il qualifie d'extractif, puisque reposant sur l'exploitation de ressources naturelles qui ne sont pas infinies et qui par leur extraction provoque un déséquilibre de nos écosystèmes naturels et accentuent les inégalités. Dans son essai *How Universal Principles and patterns will shape our new economy*, il identifie huit principes basés sur les écosystèmes naturels qu'il propose d'appliquer pour influencer la transformation de nos économies. Parmi ces huit principes, figure la nécessité d'avoir une approche systémique de son marché, avec pour ligne directrice la notion d'interdépendance entre les facteurs économiques, sociaux et environnementaux dans un contexte holistique et global. Il plaide pour une approche multidimensionnelle qui n'intègre pas le capital financier comme base, mais comme l'un des éléments intégrés auprès d'autres capitaux que sont les capitaux écologique, social, culturel et spirituel.

C'est ce qu'il appelle le *living capital* ou capital vivant. On retrouve ici un lien étroit avec les entreprises familiales et leurs quatre capitaux : financier, sociétal, humain et réputationnel.

Mondragon Corporation est un exemple très souvent cité pour son modèle économique régénératif car c'est une société devenue internationale, avec une taille significative : 11 milliards de chiffre d'affaires, 600 millions de bénéfices, 70 000 employés, 81 coopératives, elle démontre clairement que l'approche régénérative peut passer à l'échelle.

Cette entreprise est également très diversifiée. Elle intervient dans plusieurs secteurs.

- **L'industrie**, avec des activités dans l'électroménager, les fournisseurs de composants pour l'industrie automobile, ainsi que la conception et la fabrication de machines industrielles.
- **La distribution alimentaire**, à travers la chaîne de magasins espagnole Eroski.
- **La finance**, avec une banque coopérative.
- **L'éducation**, via l'université Mondragon, spécialisée dans la formation professionnelle, notamment sur l'innovation et la gestion coopérative.
- Enfin, dans **l'industrie agroalimentaire**, où ses coopératives se concentrent sur des modèles de circuits courts et de durabilité pour transformer des produits agricoles et alimentaires.

Créé en 1956 dans le Pays basque espagnol, Mondragon Corporation est un projet socio-économique coopératif qui développe des activités rentables, compétitives basées sur l'entrepreneuriat et reconnues pour ses valeurs humaines, d'impact social et de compétitivité. Son modèle repose sur une gouvernance coopérative, où les collaborateurs sont copropriétaires et solidaires. C'est-à-dire qu'ils ont bâti un système de redistribution des ressources entre coopératives avec un engagement de durabilité basé sur l'innovation et l'impact social par la création d'emploi au niveau local.

À nouveau, l'innovation basée sur l'orientation entrepreneuriale est l'un des fondements que les entreprises familiales doivent apprivoiser pour passer à la génération suivante et que nous développerons dans le chapitre 5 : comment cultiver l'orientation entrepreneuriale.

COMMENT UNE ENTREPRISE FAMILIALE PEUT-ELLE INITIER CETTE BASCULE ?

Une première étape consiste à faire pause et à poser une première réflexion au niveau du cercle des actionnaires et du conseil d'administration. C'est une réflexion parallèle à celle de l'entreprise mais dont cette dernière a besoin pour comprendre comment les actionnaires familiaux se positionnent. Quel récit la famille entrepreneuriale souhaite construire d'ici 2050 ? Y a-t-il besoin de revoir la vision de la famille ou d'écrire la vision 2050 ? Comment la confiance intra familiale est-elle impactée par l'urgence sociale et environnementale et la manière dont elle impacte son modèle d'affaires ? Dans la formule de la confiance, comment la robustesse de l'entreprise est-elle affectée par son modèle économique actuel basé sur une économie extractive ? Comment ces éléments affectent la dynamique émotionnelle au sein de la famille et y a-t-il des indications permettant de penser que le modèle actuel peut être un frein pour attirer la nouvelle génération à bord ?

Le temps, un bis, est celui du constat de l'entreprise elle-même. Quels sont les impacts négatifs que les entreprises de la famille exercent sur leurs écosystèmes ? Qu'ils soient sociaux ou environnementaux, comment affectent-ils les limites planétaires ? Y a-t-il un risque chronique d'accès à des matières premières stratégiques qui pourraient endommager la robustesse économique de l'entreprise ? Y a-t-il des conflits d'intérêts entre d'un côté croissance et rentabilité et de l'autre impacts positifs ? Comment se comportent le marché et les concurrents ? L'entreprise doit faire ici une analyse complète afin de poser une problématique à relever avant de bâtir une feuille de route ambitieuse. Le pari est de projeter l'entreprise en 2050. Pour ce faire, la CEC apporte une méthodologie intéressante. Elle propose aux entreprises un processus innovant pour initier cette bascule.

Le processus permet de mettre le dirigeant de l'entreprise ainsi que l'un de ses plus proches collaborateurs dans une démarche de réflexion et d'itération en profondeur de leur modèle actuel. Il est composé de six étapes qui s'étalent sur une petite année de travail sous forme de séminaire de quelques jours.

- Étape 1 : le sursaut. L'idée est de poser une prise de conscience, celle de l'impact de son entreprise dans son écosystème. Ce sursaut permet le changement de paradigme des équipes de direction.
- Étape 2 : poser sa question générative. Cette question est importante car elle permet à l'entreprise de se questionner, un défi ambitieux pour réussir cette bascule d'une économie extractive vers un modèle à visée régénérative.
- Étape 3 : fort de cette question, cette étape propose de poser un nouveau cap pour l'entreprise et des leviers de redirection. Ces leviers permettent de donner un cadre stratégique à la démarche.
- Étape 4 : rédiger des objectifs d'impacts ambitieux et mesurables.
- Étape 5 : structurer la définition de plans d'actions spécifiques.
- Étape 6 : déployer et mobiliser son écosystème, c'est-à-dire activer et mettre en mouvement l'ensemble des acteurs, ressources et partenaires qui gravitent autour de son organisation.

Vous trouverez ci-après le cas de l'entreprise Olga, et de son président Olivier Clanchin, qui a eu la gentillesse d'écrire la préface de ce livre. Il nous partage ici la feuille de route de son entreprise.

OLGA

QUESTION GÉNÉRATIVE

Comment embarquer notre écosystème vers un modèle d'entreprise agroalimentaire durablement vivante pour être source de vie pour les Hommes et la Planète ?

UN PRÉSENT POUR L'AVENIR

CAP 2030

Nous souhaitons offrir des solutions alimentaires et nutritionnelles qui protègent les Hommes et la planète et nous engager au-delà de nos métiers et de nos produits pour être utile au monde en accompagnant les transitions.
Pour se faire :

- Nous voulons être ouverts au monde et nous engager au-delà de nos métiers afin de créer de la valeur utile pour l'ensemble de nos parties prenantes.
- Nous croyons que si la terre va bien, nous allons bien et que si nous allons bien, la terre ira bien. Parce que l'alimentation a un impact fort sur l'environnement et la santé, nous voulons être acteurs de la transition agricole, alimentaire et sociétale en tirant le meilleur des nouvelles technologies et des savoir-faire traditionnels.
- Nous travaillons avec « notre tête, notre cœur et nos tripes », nous cultivons la joie et l'optimisme, et la confiance est la clé de notre collectif.

LEVIERS DE REDIRECTION

- Nous faisons grandir les Hommes dans nos territoires, dans la transparence et la confiance partagées.
- Nous nourrissons la vie en proposant à nos consommateurs des produits et des services respectueux du vivant, et en garantissant à nos collaborateurs des conditions de bien être.
- Nous aimons notre planète, mère nourricière. Nous refusons de l'abîmer et nous faisons tout pour restaurer le vivant et protéger la terre que nous cultivons, l'air que nous respirons et l'eau, source de vie.

OBJECTIFS D'IMPACTS MESURABLES

- 100% de nos collaborateurs sont sensibilisés à la nutrition, à l'environnement et au savoir-être.
- 100% de nos collaborateurs se sentent épanouis dans leur travail.
- 100% de notre offre est issue de l'agroécologie.
- 100% de nos activités ont un impact positif sur l'environnement (énergie, CO_2, eau, emballages).
- 100% de notre offre répond à la charte interne santé naturalité éthique.

PLAN D'ACTIONS

AMPLIFIER - poursuivre les activités qui font sens pour la planète et les Hommes et qui garantissent une performance* de l'entreprise.

AJUSTER - adapter certaines stratégies au sein des activités de l'entreprise afin d'optimiser leur sens et leur impact sur la planète et les Hommes.

RÉORIENTER - supprimer ou transformer les projets qui ne font plus sens pour la planète et les Hommes et imaginer de nouveaux modèles plus vertueux et durables.

* Performance économique, sociale et environnementale

MOBILISATION DES ÉCOSYSTÈMES

INTERNE
- 1ère version du Printemps des Explorations organisé par la Communauté Vision
- Formations AVEC et FMR : relation à soi et à aux autres, leadership, holacratie
- Ateliers Vision et déclinaison par Business Unit (Vision des BUM attendues pour avril 2023)
- Participation à la CEC Ouest (BU Céréco)
- Création d'un groupe de travail Biodiversité
- ACV complète de la BU DSI (service informatique) et travail autour du numérique responsable / Green IT
- 1er diagnostic complet du gaspillage alimentaire sur nos activités
- Inauguration d'un site de floconnage des céréales (Elcea) pour relocaliser la filière avoine française
- Nouveau projet d'énergie renouvelable sur notre site La Bergerie (Lozère) : panneaux photovoltaïques
- Création d'un fonds de dotation Olga Triballat

EXTERNE
- Projet EFC (Économie de la fonctionnalité et de la coopération) : nouveau magasin d'entreprise
- Création d'une charte agroécologique interne co-signée par Olga et l'ensemble de ses producteurs
- Démarrage du plan d'actions ACT Pas à Pas en collectif avec le cabinet Espère (plan d'actions décarbonation)
- Projet REUSE (ABEA) : gestion et qualité de la ressource en eau
- Test de l'affichage environnemental des produits alimentaires avec le Synabio et l'ITAB (Planetscore)
- Investissement dans l'outil Biodiscore (indicateur de biodiversité sur les exploitations agricoles)

Entreprise Olga, Olivier Clanchin

Le mouvement de la CEC a permis d'accompagner près d'un millier d'entreprises françaises au cours des dernières années pour qu'elles puissent se projeter dans cette dynamique et changer de paradigme, franchir ces étapes et initier cette bascule. Il y a trois marches à franchir pour y arriver.

- **La première consiste à passer d'un business conventionnel**, qui concentre sa performance sur la génération d'un profit maximal en jouant avec les règles du jeu d'une économie capitaliste et libérale, à un business responsable qui intègre les grands principes de la RSE en réduisant ses impacts négatifs.
- **La suivante permet de regarder sa performance de manière globale**, pas uniquement d'un point de vue financier, mais avec une ambition sociétale dépassant les obligations légales, en mettant la RSE à un niveau stratégique de son entreprise. Elle passe d'un modèle responsable à un modèle contributif.
- Enfin, **la dernière marche consiste à bâtir un business** avec une contribution holistique et positive qui répare, restaure et régénère les conditions du vivant avec un modèle économique transformé, robuste où la croissance n'est pas l'objectif en soi.

Il y a plein de façons d'initier cette bascule. Une autre approche consiste à transformer la CSRD[3] non pas comme une contrainte mais comme une opportunité.

La CSRD s'applique en Europe depuis le 1er janvier 2024 aux grandes entreprises de plus de 250 salariés, ayant un chiffre d'affaires supérieur à 50 millions d'euros et/ou un bilan supérieur à 20 millions d'euros et devrait s'étendre aux entreprises de taille intermédiaire progressivement. Cette directive européenne vise à harmoniser le reporting de durabilité des entreprises, notamment quant à la qualité et la disponibilité des données fournies. Elle prévoit notamment la création de normes dites ESRD[4] afin d'harmoniser les reportings avec des normes dites universelles, des normes sectorielles, et des normes spécifiques pour

3. *Corporate Sustainability Reporting Directive.*
4. *European Sustainability Reporting Standards.*

les PME cotées sur les marchés réglementés. Par ailleurs, elle impose à ces entreprises une vérification obligatoire de ces rapports par un commissaire aux comptes ou un organisme tiers indépendant. La CSRD impose à ces entreprises de détailler leurs actions sur les thématiques ESG selon le principe de la double matérialité. Cette dernière permet d'analyser la performance de l'entreprise selon un double prisme.

- **La matérialité financière** qui s'intéresse aux risques, c'est-à-dire aux risques financiers liés aux impacts des enjeux de durabilité (changement climatique, risques environnementaux ou changements sociétaux).
- **La matérialité d'impact**, elle, s'intéresse aux opportunités, c'est-à-dire d'analyser les impacts positifs et négatifs des activités d'une entreprise sur l'environnement, les ressources naturelles ou le climat, autre que la dimension financière.

L'enjeu de la CSRD est d'imposer aux entreprises, d'analyser et de hiérarchiser des enjeux ESG pertinents à la fois pour leur performance financière, mais également sur leurs impacts sociétaux. Elle vise également à renforcer l'accès et la transparence des données afin que le monde financier, notamment, puisse challenger et mesurer la robustesse des entreprises en fonction de cette double matérialité. Elle réglemente enfin son approche par des dispositifs réglementaires encadrés.

Comme souvent, ces dispositions réglementaires peuvent être perçues comme contraignantes par les entreprises plutôt que contributives aux changements attendus. Les défis sont de taille, les grandes entreprises ont déjà structuré le plus souvent des équipes dédiées. Elles ont organisé la collecte de données qui est la partie la plus difficile, notamment lorsque ces données concernent les parties prenantes. Par exemple, aller vérifier que votre fournisseur de coton a une démarche de production en phase avec le respect de la biodiversité ou du travail des enfants est un exercice qui peut s'avérer complexe et aléatoire. Pour les entreprises de taille intermédiaire et pour les PME, l'exercice s'avère plus complexe, coûteux et potentiellement non productif s'il est pris comme une contrainte uniquement.

C'est la raison pour laquelle il convient de remonter la RSE au niveau le plus stratégique de l'entreprise, et pas simplement au niveau du comex. Ces enjeux doivent avoir toute leur place au niveau du conseil d'administration ou du conseil de surveillance de l'entreprise, et *a minima* d'un *board* (conseil d'administration) non exécutif. Certaines entreprises ont d'ailleurs choisi de transformer le poste traditionnel de CFO, c'est-à-dire de directeur financier, en un CIO, *Chief Impact Officer*, dont le rôle est de garantir cette double matérialité financière et d'impact.

QUELLE GOUVERNANCE POUR INITIER CETTE BASCULE ?

Il y a malheureusement encore trop peu d'études précises indiquant comment les entreprises familiales structurent leur gouvernance pour répondre à ces enjeux, permettant de comprendre dans quelle mesure elles disposent ou pas d'un conseil d'administration capable d'accompagner le dirigeant, familial ou non dans ses décisions les plus stratégiques pour initier cette bascule. Lorsque le dirigeant n'est pas familial, le conseil d'administration est composé *a minima* des actionnaires familiaux, et ce pour des raisons évidentes de contrôle des actionnaires. Une étude un peu ancienne de PwC de 2010 indique que 59 % des ETI et PME américaines disposent d'un conseil d'administration et que ce chiffre serait divisé par deux pour les entreprises familiales européennes. Par ailleurs, toujours d'après PwC, sur une étude européenne réalisée tous les deux ans, seulement 41 % des conseils d'administrations de ces entreprises seraient composés d'administrateurs indépendants. Ce qui reviendrait à dire que seulement 30 % des entreprises familiales européennes disposent d'un conseil d'administration et moins de la moitié, soit moins de 15 %, disposent d'administrateurs indépendants. Par ailleurs, cette étude précise que 48 % des dirigeants familiaux interrogés n'ont pas de plan de succession arrêté ni de successeurs identifiés pour 35 % d'entre elles. Pourtant, d'après BPI[5] France, 50 % des entreprises familiales devront être transmises dans les dix à quinze ans à venir. Par ailleurs, seulement 19 % déclarent mettre les membres de la famille en concurrence avec le marché pour des postes de direction.

On retrouve une multitude d'organisations différentes au sein de ces entreprises familiales. Elles ont en fait chacune la leur. Mais de manière empirique, j'ai constaté trois grandes catégories.

Celles qui sont organisées comme les plus grandes entreprises, avec un conseil d'administration ou de surveillance, des administrateurs indépendants ayant des expertises spécifiques qui viennent accompagner le président et les actionnaires familiaux. Elles renouvellent leurs membres régulièrement en reprenant à leur compte les bonnes pratiques synthétisées dans les codes de gouvernance. En France, ce sont les codes de l'Afep-medef et du *middlenext* qui sont adaptés avec la présence d'actionnaires familiaux.

On observe également un second groupe d'entreprises familiales qui, à l'inverse, ne dispose d'aucun organe de gouvernance spécifique, si ce n'est le dirigeant et son comex ou son Codir. Le dirigeant familial est alors en position de *one man* ou de *one woman* show et peut à certains égards souffrir d'une solitude importante. Il ou elle peut-être soit la personne qui rassure la famille actionnaire lors des assemblées générales, soit au contraire être celui ou celle qui peut se retrouver dans une posture d'autocrate plus ou moins clivante.

Il y a, enfin, la grande majorité des entreprises familiales, avec une palette de formats entre ces deux pôles. On y retrouve des *advisory boards*, c'est-à-dire des *boards* sans pouvoir qui accompagnent le dirigeant et qui sont souvent composés d'experts plus ou moins indépendants pour aider le dirigeant à prendre de la hauteur. On y trouve aussi des conseils d'administration ou de surveillance 100 % familiaux et qui prennent des formes très variées. Certains ressemblent plus à un conseil de famille ou à des assemblées familiales où l'on discute de

5. Banque Publique d'Investissement.

l'entreprise et de la famille. D'autres peuvent être relativement hybrides. Ils sont composés d'administrateurs plus ou moins indépendants, des amis de longue date de la famille et qui malgré leurs expertises et leur connaissance approfondie de celle-ci n'ont pas l'indépendance permettant d'avoir le recul nécessaire. On peut y trouver aussi des actionnaires familiaux parfois très âgés, et notamment en France pour des questions fiscales liées au pacte Dutreil qui impose la présence d'actionnaires familiaux sur des postes clés de la gouvernance de l'entreprise pour être efficient. Il n'est pas rare dans ces cas spécifiques de voir des présidents de conseil de surveillance ou d'administration âgés de plus de 70 voire 80 ans continuer de siéger. J'ai eu l'occasion de rencontrer une structure de troisième génération, composée de neuf actionnaires, deux à la seconde et sept à la troisième travaillant tous dans l'entreprise, ayant toutes et tous la qualité de gérant, le même salaire et se réunissant une fois par mois en réunion familiale. Cette entreprise est leader sur ses marchés, dispose d'un chiffre d'affaires supérieur à cent millions d'euros, une croissance à deux chiffres depuis une décennie et des résultats à faire rougir nos grandes entreprises. Aucun conseil de surveillance ni d'administration. Aucun directeur général pilotant l'ensemble. Cette organisation qui semblait agile jusqu'ici arrive à sa limite. Lorsque l'adhésion à une décision est facile, alors tout va très vite et l'agilité de l'entreprise familiale est à son paroxysme. Par contre, s'il y a un désaccord, rajouter à cela une potentielle dynamique de branche, et les projets n'avancent plus. Tout est plus lent. Si cette entreprise ne modifie pas sa gouvernance, il est fort à parier qu'avec l'arrivée de la génération 4, ce modèle ne fonctionnera plus et sera le terreau de conflits certains. Ajoutez maintenant à cela les enjeux de transition climatique. Comment la majorité de ces entreprises peut-elle réussir à transitionner son modèle, tout en attirant la nouvelle génération qui à mesure que la famille s'agrandit crée une dynamique et des conflits d'intérêts potentiels entre le cercle des actionnaires et celui de l'entreprise ?

Avoir un conseil de surveillance ou un conseil d'administration ne devrait quasiment plus être une question. C'est l'une des bonnes pratiques étudiées partout dans le monde et qui garantit la pérennité de l'entreprise à mesure que celle-ci grossit, se complexifie et que le nombre d'actionnaires familiaux s'élargit. Mais avoir un conseil ne garantit pas la capacité de l'entreprise à initier la bascule d'un modèle extractif vers un modèle à visée régénérative. Pour cela, il convient de s'assurer que le *board* dispose des compétences pour challenger le dirigeant familial lorsque tout va bien et le soutenir lorsque les temps sont plus difficiles.

L'outil
Structurer un conseil d'administration de qualité

Structurer un *board* peut s'avérer complexe pour une entreprise familiale, notamment lorsque la dynamique de branche entre en jeu et qu'en parallèle, les actionnaires familiaux ne disposent pas nécessairement des compétences pour siéger dans celui-ci.

Trouver le bon endroit et la bonne forme

En fonction de la structuration de la famille, le nombre de générations impliquées, le nombre d'actionnaires, de branches mais également la taille des enjeux qui y sont associés et la structuration des détentions, les familles entrepreneuriales peuvent disposer de plusieurs conseils d'administration, de surveillance ainsi que de conseils consultatifs[6] pour les accompagner aux différents niveaux de leurs structures ou de leurs systèmes de détention par branche. Il n'est pas rare, pour des questions de structuration, de voir un empilement de structures et de conseils, qui peuvent parfois porter le même nom sans avoir les mêmes fonctions, pouvoirs et responsabilités, être organisé par les conseils de la famille, notamment juridique. En effet, la *holding* familiale détenant les actifs est souvent elle-même détenue, partiellement ou totalement, par des *holdings* de branches et parfois en partie par une fondation actionnaire. En fonction de la famille, de son histoire, de la présence à ses côtés d'un fonds d'investissement ou pas, la structuration de la détention d'une

6. *Advisory Board.*

entreprise familiale est quasiment dans tous les cas faite sur mesure. Lorsqu'il y a un fonds d'investissement, il n'est pas rare de voir se superposer des structures ou des organes de gouvernance, plus ou moins officiels, permettant aux actionnaires familiaux de pouvoir se retrouver entre eux afin de s'aligner en famille. S'ajoutent à cela quasiment systématiquement les enjeux de la foncière qui n'est jamais très loin. L'objectif est de se focaliser sur la réussite de l'entreprise familiale et de comprendre à quel endroit constituer un conseil d'administration ou de surveillance capable de structurer la meilleure gouvernance. Le modèle étant duplicable en fonction du nombre d'entreprises que la famille détient, ou pas. Lorsque la famille actionnaires est composée d'un nombre d'actionnaires importants, et donc *a priori* d'un nombre d'actionnaires familiaux non exécutifs beaucoup plus nombreux que ceux qui sont exécutifs dans l'entreprise, il est nécessaire de bien séparer la structuration d'un conseil qui va superviser la famille *versus* celui qui va se focaliser sur l'entreprise. Ici, nous faisons un focus sur le territoire d'action de l'entreprise ou des entreprises que détient la famille actionnaire.

Alors conseil d'administration ou conseil de surveillance ?

Certaines familles militent pour le conseil de surveillance plus directoire, c'est-à-dire une gouvernance à deux têtes. Elle présente beaucoup d'avantages. Le premier est de bien séparer les pouvoirs entre un conseil de surveillance qui supervise les décisions stratégiques et veille aux respects des objectifs, et un directoire, chargé de l'exécutif et de la mise en œuvre opérationnelle des affaires. Il est très adapté, notamment lorsque la famille et donc le nombre d'actionnaires non exécutif dans l'entreprise grandissent, offrant un cadre structuré et structurant. Il favorise la transparence et la responsabilité. Le conseil de surveillance a la responsabilité de nommer le président du directoire qui va diriger l'entreprise et donc interrompre son mandat si nécessaire. Ce modèle permet d'intégrer des administrateurs indépendants dont la fonction se focalise uniquement sur le contrôle stratégique de l'entreprise sans interférer dans ses opérations. Le modèle favorise aussi la réflexion stratégique à long terme en éloignant ce conseil de l'urgence du quotidien. En revanche, ce modèle présente des inconvénients. Il peut créer de la complexité, notamment par cette double structure qui parfois peut ralentir la prise de décision et permet moins d'agilité. Il est donc moins adapté pour les petites structures et peut s'avérer plus complexe pour fonctionner efficacement. Enfin, lorsque le dirigeant est familial et qu'il dispose de la majorité des actions et potentiellement de tous les pouvoirs, un conseil

de surveillance peut perdre de sa substance et fondamentalement de ses pouvoirs notamment vis-à-vis de ce dernier.
Le conseil d'administration lui est relativement recommandé pour un nombre plus réduit d'actionnaires notamment s'ils sont actifs dans l'entreprise, car il offre un cadre de prise de décisions agile et plus rapide. Il centralise les pouvoirs à un seul endroit. Ici, les administrateurs sont souvent plus proches des décisions stratégiques et opérationnelles de l'entreprise. Cela permet à des actionnaires familiaux non exécutifs de rester plus proche du business et crée plus de connivence avec l'équipe dirigeante de l'entreprise en fonction de qui siège au conseil. L'inconvénient de ce modèle est une possible confusion des rôles, notamment lorsque des actionnaires familiaux viennent empiéter sur les responsabilités opérationnelles du management. À certains égards, la forme peut permettre moins de recul qu'un conseil de surveillance et moins de limites claires entre supervision et gestion.
Il n'y a aucun modèle parfait, et c'est surtout ce que l'on en fait qui est important. Il n'est pas rare d'observer des familles entrepreneuriales structurer un conseil de surveillance 100 % familial, qui ressemble parfois plus à un conseil de famille qu'à un organe de supervision et qui peut être relativement dénué de pouvoir et quasiment consultatif. Les enjeux du pacte Dutreil ont d'ailleurs créé quelques biais dans ces structures où la répartition des postes est parfois, si ce n'est souvent lié à des enjeux fiscaux plutôt qu'à des enjeux business. Ce biais est d'ailleurs souvent compensé lorsque par la présence d'un *advisory board* additionnel. Celui-ci est composé d'experts non exécutifs, que le dirigeant réunit à fréquence régulière, généralement au moins quatre fois par an, et dont il se sert pour prendre du recul et de la hauteur. En d'autres mots, pour prendre des décisions stratégiques importantes.
Une fois tout cela pris en compte, la question de l'équipe devient un enjeu majeur pour constituer le meilleur collectif.

Constituer le meilleur collectif d'administrateurs

La constitution d'un conseil va dépendre de beaucoup de facteurs, y compris pour les organisations où l'on doit intégrer la présence au conseil d'employés de l'entreprise. Mais si l'on met de côté la partie juridique, il convient de prendre en compte un triptyque essentiel pour construire la meilleure dynamique. Pour professionnaliser un conseil d'administration ou de surveillance, il est intéressant d'avoir en tête le triptyque de l'ÉPI : expertise-pouvoir-indépendance. Un triptyque essentiel à comprendre, car en fonction du profil de l'administrateur, l'EPI ne sera pas équilibré de la même manière. On comprend aisément qu'un administrateur dit « familial », *a priori* actionnaire, ne peut pas être indépendant. Il a probablement du pouvoir en fonction de son niveau de détention du capital et possiblement de ses expertises. À l'inverse, un administrateur indépendant aura un niveau élevé d'indépendance et aura normalement été choisi pour son expertise distinctive qui lui permet d'apporter un regard neutre aux problématiques apportées au conseil. Il permet au dirigeant de profiter du jeu de miroir. Par contre, il peut avoir un niveau de pouvoir plus faible. Un autre exemple classique est celui de l'actionnaire non familial, souvent minoritaire, représenté par un fonds d'investissement, qui lui dispose d'expertises et de pouvoir. Il n'est pas indépendant puisqu'actionnaire de l'entreprise.

L'enjeu pour constituer le meilleur collectif est de construire son EPI en fonction des besoins de l'entreprise à court, moyen et long terme. Ce collectif se structure en fonction de l'organisation même du conseil, notamment si la structure est déjà professionnalisée et dispose de comités, classiquement stratégique, nomination et rémunération, audit et RSE (ou développement durable).

Quelles sont les expertises dont je vais avoir besoin pour challenger la stratégie portée par la direction générale de l'entreprise ? Et dans un contexte de changement climatique, il est certain qu'amener au conseil de l'entreprise des expertises liées aux enjeux de la crise climatique peut être intéressant. Comment répartir les rôles ? À quel âge commencer à intégrer la nouvelle génération ? Comment accompagner des actionnaires familiaux qui ne possèdent pas les expertises distinctives pour appréhender les enjeux stratégiques du business ? Comment choisir un président ? Doit-il être familial nécessairement ? À quelle fréquence faire tourner les administrateurs indépendants ? Comment mesurer l'efficacité de mon *board* ? Comment recruter des administrateurs ? Comment gérer la dynamique de branche dans les conseils ? Que faire en cas d'accident de la vie du dirigeant familial ? Quelle est la bonne fréquence de rencontre ? Peut-on se rencontrer entre les conseils ? Quelles sont les bonnes pratiques ? Comment définir la rémunération des administrateurs ? Peut-elle être différente d'un administrateur à un autre ? Quels objectifs fixe-t-on au conseil ? Comment mesurer sa performance ?

Toutes ces questions, et il y en a bien d'autres, constituent les éléments de base pour structurer un conseil d'administration ou un conseil de surveillance. Mais elles n'apportent pas de garantie pour structurer un conseil qui soit capable d'accompagner une entreprise familiale dans sa bascule vers un modèle à visée régénérative. Pourquoi ? Parce que le modèle n'existe pas. Il est à construire et à inventer.

Il y a deux éléments qui me paraissent essentiels à prendre en compte pour prendre la bonne direction. Le premier, c'est de s'assurer que le conseil comprenne les défis de l'orientation entrepreneuriale dans la vision à long terme transgénérationnelle d'une entreprise familiale. C'est un élément essentiel puisqu'il doit permettre de gérer les différentes vitesses du temps : celle du temps court, celui du business immédiat, des budgets et des opérations, de l'année en cours. Celui du temps intermédiaire, de la stratégie et des investissements sur une échelle de trois à cinq ans. Et celui du temps long, la vision à long terme de la famille, possiblement transgénérationnelle et qui doit s'assurer que ces phases de transition sont anticipées et structurées efficacement car elles peuvent se dérouler sur une décade. L'orientation entrepreneuriale distinctive étant la clé de voûte de la survie d'une entreprise familiale, nous en avons fait un territoire d'action à part entière dans ce livre (*cf.* chapitre 5) et il est important que le conseil en comprenne les enjeux stratégiques.

Le second, c'est de s'assurer que le conseil dispose des atouts pour aborder les enjeux majeurs des marchés sur lesquels l'entreprise intervient, ainsi que l'intégration des défis liés aux changements climatiques et technologiques dans son modèle. Je pense spécifiquement aux enjeux de l'intelligence artificielle qui impactent l'ensemble des modèles d'affaires actuels. Sur ce second point, il y a deux questions à prendre en compte pour la constitution et l'organisation de son conseil. La première : comment s'assurer que « la nature » dispose d'un siège au conseil ? C'est-à-dire la capacité du conseil à intégrer les enjeux environnementaux et écologiques au cœur de la gouvernance de l'entreprise. Cela peut se faire en donnant à la nature une place au conseil soit symboliquement, soit en choisissant réellement un expert, comme un scientifique des questions climatiques, par exemple. La seconde concerne les enjeux de circularité en se questionnant sur comment nos modèles compétitifs historiques peuvent devenir coopératifs ?

Réfléchir à intégrer la nature au conseil d'une entreprise n'est pas une tâche aisée, et elle peut notamment vite devenir un effet d'annonce et potentiellement être vécu comme du *greenwashing* si sa place et son rôle ne sont pas clairement définis. Il ne suffit donc pas de prendre un expert des enjeux climatiques pour positionner le sujet de la nature au conseil de l'entreprise. L'enjeu est de réfléchir aux compétences que vous attendez de ce rôle. Il vous faudra attirer des profils qui comprennent les leviers stratégiques pour transformer de manière pérenne une entreprise et qui soient capables de comprendre les enjeux de l'économie circulaire comme fondement opérationnel de nouveaux modèles d'affaires. Des profils capables de challenger les opportunités d'adoption de technologies vertes et de transition énergétique. Des profils capables d'aller au-delà de la RSE et d'apporter un regard différent de l'évolution écosystémique et interdépendant des marchés sur lesquels l'entreprise opère. Des profils capables aussi de vous inspirer sur les nouveaux modèles d'organisation ainsi que les nouveaux modèles de partage de la valeur avec les parties prenantes. Par exemple, en apportant un regard sur les initiatives comme celle des dividendes climats, une initiative visant à accélérer la transition énergétique en valorisant l'impact climatique des entreprises. Enfin, une personne capable de challenger le modèle concurrentiel de l'entreprise pour ouvrir le débat sur les opportunités de coopétition.

Qu'est-ce que la coopétition ?

Le changement de paradigme est assez simple. Si l'enjeu sociétal est de faire muter nos modèles d'affaires pour les aider à initier et réussir leur bascule d'un modèle extractif vers un modèle à visée régénérative, alors on comprend aisément que l'on ne peut avoir sur un marché de l'impact seul. Dit autrement, celui qui, sur ses marchés, a su saisir des opportunités pour réussir cette transition, devrait envisager de partager son modèle avec ses confrères – autrefois appelés concurrents – afin d'explorer de nouveaux modèles d'affaires plus inclusifs, collaboratifs, écosystémiques. L'objectif est de basculer dans un modèle organique, inspiré de la nature, ou l'interdépendance et les interconnexions renforcent le système.
Prenons quelques exemples : les deux constructeurs automobiles BMW et Toyota[23] collaborent sur le développement de plusieurs technologies de pointe permettant de développer des nouvelles générations de piles à hydrogène qui seront intégrées dans les véhicules de ces deux entreprises concurrentes. Apple et Samsung[24], les deux géants de smartphones, collaborent étroitement puisque Apple achète à Samsung les écrans Oled et les puces mémoires. Pfizer et BioNtech ont collaboré pour développer le vaccin contre le Covid en mettant en commun leurs forces : la puissance industrielle et de distribution du premier avec l'expertise technologique du second. Dans un autre modèle, la commission européenne et l'industrie aéronautique ont structuré le *Clean Sky Joint Underking* (CSJU) qui est un partenariat public-privé permettant de financer des programmes de réduction massive de l'empreinte carbone de cette industrie ainsi que ses nuisances sonores. Hermès et Chanel ont co-investi dans une start up innovante durable pour développer une technologie de cuir en laboratoire. Dans d'autres industries, les opérateurs téléphoniques français partagent leur réseau dans les zones rurales difficilement couvrables. LVMH et Kering le font sur le bien-être animal, Coca-Cola et Pepsico sur des projets de recyclage. Des entreprises familiales comme Tetra Laval (Suède) et SIG Combibloc (Suisse) ont structuré une démarche de standards de durabilité dans les processus de recyclage des emballages cartons.

Ces entreprises ont toutes développé ces projets dans leur propre intérêt, en comprenant que l'interdépendance était parfois, si ce n'est souvent, plus robuste, c'est-à-dire plus résiliente et performante, que de les faire seul.
Un exemple plus ancien, Buurtzog[25], une entreprise hollandaise, a réinventé les soins à domicile en passant d'une industrie où les cadences imposées aux infirmiers ne permettaient plus d'apporter les soins adéquats. Une étude de KPMG a démontré que, non seulement Buurtzorg était un modèle de collaboration entre les infirmiers, mais qu'il permettait de mieux soigner les patients et de baisser de 40 % les coûts liés à leur accompagnement.

L'entreprise familiale régénérative, comme un écosystème vivant

Une entreprise familiale est un organisme vivant. Et si l'on applique les principes du vivant à une entreprise, on redécouvre les éléments suivants qui peuvent s'appliquer dans la plupart des organisations.
Un organisme vivant est en interdépendance avec son écosystème, ce qui veut dire que chaque partie de l'entreprise, et chaque membre de la famille, joue un rôle important et complémentaire dans la réussite de l'ensemble. La communication est alors l'outil essentiel pour maintenir le système en harmonie. C'est ici la diversité associée à la collaboration qui participe à cet équilibre. Un organisme vivant a des capacités de régénération. C'est-à-dire qu'il est capable d'évoluer, de se réparer, de se soigner et d'ajuster sa forme, son fonctionnement en fonction de son environnement. C'est un enjeu majeur pour les entreprises, notamment familiales. Une famille régénérative doit développer ce pouvoir de régénération, à travers les générations en évoluant, en s'adaptant, en modifiant sa structure et son fonctionnement. L'idée va plus loin car elle induit la notion de cycle de vie, avec différentes étapes qui sont naturelles et qu'il convient d'appréhender, non pas avec anxiété ou surprise, mais avec réalisme et compréhension du vivant notamment dans les périodes de transitions de phases. Un organisme vivant c'est aussi un organisme qui croît, et dont la croissance est organisée de façon naturelle et équilibrée avec son écosystème. Les débats sur croissance et décroissance peuvent à cet égard être considérés comme vide de sens car un système organique croît. La question est donc de comprendre comment cette croissance peut être vertueuse pour son écosystème sans être une course unique vers celle-ci et donc sans fondement régénératif. Un organisme vivant, c'est aussi un système qui évolue, qui change, qui mute. C'est toute la théorie Darwinienne. Ceux

qui survivent le mieux sont ceux qui savent s'adapter à leur écosystème, qui apprennent, qui innovent et qui sont créatifs. Dans le monde des entreprises familiales, ce seront celles qui seront en capacité de développer cette orientation entrepreneuriale distinctive à chaque génération qui se régénéreront le plus.

Un organisme vivant c'est un système qui sait se mettre en harmonie avec son écosystème, à sa juste place, dans l'orchestre naturel de la vie. Enfin, un organisme vivant se reproduit. Il transmet. Et l'entreprise familiale, forte de ses quatre capitaux distinctifs, transmet bien plus qu'un chiffre d'affaires et des éléments financiers. Elle transmet des valeurs, un récit, une réputation et un impact social et sociétal spécifique. Cette transmission est au cœur de sa raison d'être mais également de la survie des familles entrepreneuriales. Son moteur, transmettre son orientation entrepreneuriale.

TÉMOIGNAGE

***Anne-Sophie Fauvet-Mulliez,** fondatrice d'ASF Advisory, spécialiste de la gouvernance d'entreprise, ancienne gérante de l'AFM. Membre de plusieurs comités : gouvernance familiale de COLAM entreprendre, Board Blue NGO*

Compte tenu des nouveaux enjeux climatiques, environnementaux et sociaux des limites planétaires, le *board* 2050 est un *board* qui aura permis d'éclairer le CEO et le Comex de l'entreprise, afin de prendre les bonnes options stratégiques dans un monde aux ressources de plus en plus limitées. C'est un *board* qui a su mettre l'entreprise en mode agile dans un contexte incertain de polycrise. Il a su créer les conditions de l'agilité (les gens, les process, les prises de responsabilités). Le *board* 2050 est aussi un conseil qui aura su aider son CEO à prendre des décisions dans un monde Bani (*brittle* ou fragile en français, anxieux, non linéaire et incompréhensible). Il est un *board* qui sait mettre en place les conditions pour qu'un Comex puisse décider d'accélérer et de ralentir, voire de s'arrêter, afin d'éviter les actifs échoués (*devenus obsolètes bien avant leur amortissement complet).

C'est un *board* qui contrôle à plus court terme la stratégie mise en œuvre et ses résultats opérationnels afin d'aider le CEO à détecter le plus vite les signaux faibles d'un contexte environnemental, social, international instable.

Enfin, il est à la fois un board en avance et prospectiviste.

D'ici 2050, les entreprises vont faire face à des enjeux climatiques, énergétiques, écologiques, des enjeux de disponibilité des ressources, géopolitiques, sanitaires, sociaux et stratégiques. L'adaptation au changement climatique, la pollution grandissante, l'accès aux ressources, à l'énergie, à l'eau, l'effondrement de la biodiversité, les déplacements de populations, les guerres auront mis sous multi-contraintes les entreprises. La législation CSRD – Omnibus en Europe, ainsi que les critères extra-financiers pris en compte dans l'accès aux financements et dans les rémunérations, ont ajouté des obligations de reporting aux entreprises.

Les business models actuels sont remis en cause par différents risques stratégiques à adresser en conseil : nouvelle taxation, nouvelle régulation, nouveaux concurrents, risque réputationnel auprès des actionnaires et des générations futures, risque de boycott des clients, des talents et des financiers, nouvelle rupture technologique (IA). Le *board* 2050 aura su anticiper ces risques en ayant prévu un stress test sur les ressources essentielles nécessaires à l'entreprise, qui challengera la trajectoire carbone et qui questionnera sur l'impact d'une augmentation du coût du pétrole sur l'entreprise et/ou de l'énergie. Pour anticiper tous ces enjeux et percevoir les signaux faibles pour permettre à l'entreprise d'être « en avance de phase », la composition du *board* 2050 sera essentielle. Les compétences nécessaires seront scientifiques, internationales, géopolitiques, prospectivistes, d'activistes, et de maîtrise des sujets technologiques. C'est aussi un collectif se sachant en gouvernance formé et conscient de son rôle, devoirs et de ses responsabilités quel que soit le pays où il exerce.

On peut également dire que c'est un collectif « en avance de phase » sur les sujets technologiques, humains, environnementaux, géopolitiques. Un collectif avec des compétences, des expériences diverses et de plusieurs générations adaptées aux besoins de l'entreprise et du CEO. C'est aussi un *board* ouvert sur ses parties prenantes : les actionnaires bien sûr, les salariés, les représentants des habitants, les fournisseurs, les partenaires, les clients, les associations soutenues par l'entreprise, les communautés locales, les représentants de la société civile d'anciens politiques.

En conclusion, le *board* 2050 sait construire sa robustesse, sa capacité à maintenir sa stabilité et sa viabilité malgré les fluctuations. C'est un *board* qui sait anticiper et percevoir les signaux faibles internes à l'entreprise et externes comme les externalités écologiques, sociales, géopolitiques. Son rôle est d'inciter à la prudence dans le choix du CEO et de l'entreprise, en tenant compte de ces enjeux multifactoriels.

L'ESSENTIEL

- Ce qui différencie la durabilité et le régénératif est une approche par processus basée sur l'interdépendance d'un écosystème. Cette approche est probablement la plus intéressante à appréhender pour une famille entrepreneuriale qui rêve de voir son entreprise passer les générations.
- Appréhender les enjeux de la RSE uniquement au prisme des critères ESG ne sera pas suffisant pour projeter l'entreprise familiales après 2050 si elle souhaite profiter de cette crise sociale et environnementale pour se réinventer en profondeur.
- Le *board*, le conseil de surveillance, le conseil d'administration, peu importe son nom, est un organe essentiel pour aider l'entreprise familiale à relever les défis qui se présentent à elle et à son écosystème.

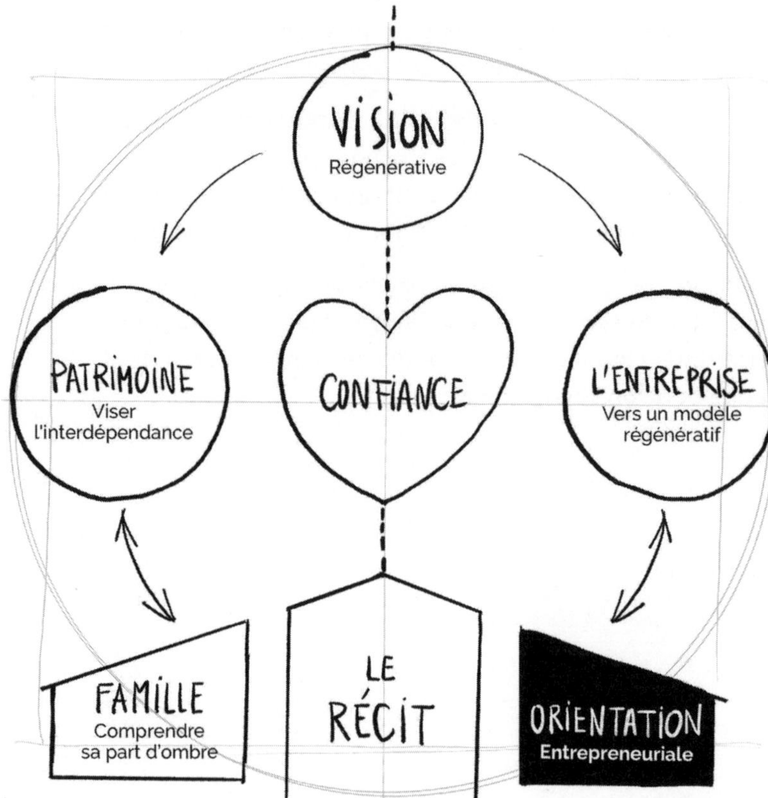

***Figure 10** – Cultiver l'orientation entrepreneuriale*

CHAPITRE 5

Cultiver l'orientation entrepreneuriale

« Innover, ce n'est pas avoir une nouvelle idée mais arrêter d'avoir une vieille idée. »
Edwin Herbert Land

Executive summary

- Il existe un écart entre la croissance de l'entreprise et sa capacité d'innovation que nous appelons la DIG : *Disruptive Innovation Gap*. Elle peut se creuser notamment lorsque l'entreprise duplique les bonnes recettes du passé pour créer de la croissance mais délaisse son orientation entrepreneuriale.
- Une orientation entrepreneuriale distinctive à chaque génération est nécessaire pour réussir à survivre à travers les générations.
- Les entreprises familiales doivent faire face à de nombreux défis liés à l'innovation. Elles doivent cultiver leur *mindset* entrepreneurial au sein du cercle de l'entreprise et idéalement celui des actionnaires. Elles doivent aussi détenir un set d'expertises clés, intégrer l'innovation dans le plan de succession et prévoir son financement.

ÉVITER LA DIG POUR SURVIVRE

Tout le monde répète et connaît l'adage : la première génération crée, la seconde développe et la troisième dilapide. Si la troisième ne réussit pas, c'est que la première et la seconde génération n'ont pas structuré la gouvernance de la famille entrepreneuriale pour lui donner les moyens de réussir. Dit autrement, elles n'ont pas suffisamment professionnalisé la famille actionnaire comme elles ont professionnalisé l'entreprise sur les deux premières générations.

Comme nous l'avons vu précédemment, c'est la capacité de ces familles entrepreneuriales à développer une orientation entrepreneuriale distinctive à chacune des générations qui permet à ces organisations de réussir leur transmission. Malheureusement, le phénomène de DIG, s'il n'est pas appréhendé par la famille assez tôt, peut emmener l'entreprise dans des situations difficiles.

Qu'est-ce que la DIG ?

Imaginez-vous un entrepreneur qui décide de créer une société. Il a une quarantaine d'années, et au bout de vingt ans, il pense à la suite : vendre l'entreprise, ou la transmettre à ses enfants. Il se trouve que sa fille aînée et son fils cadet souhaitent continuer l'aventure. Cette entreprise qui était régionale, se développe au niveau français rapidement, puis au niveau européen et enfin avec l'aide de la troisième génération hors de l'Europe. Le business model qui fonctionne est dupliqué, c'est-à-dire que ce qui a fonctionné au niveau régional réussit à grande échelle, avec une couche de structuration et de leadership nécessaire pour supporter ces phénomènes de forte croissance. Oui, mais, à la troisième génération, le chiffre d'affaires ne progresse plus ou plus aussi vite, les charges sont lourdes, la rentabilité baisse, des concurrents innovants sont arrivés et la compétitivité est plus ardue. L'entreprise est beaucoup plus grosse, elle est moins agile qu'à la première génération. On n'ouvre plus un pays aussi rapidement qu'avant.

Il n'y a plus de relais de croissance simple à développer, et le ticket d'entrée sur certains marchés non couverts est plus important et plus risqué. Il y a de l'hésitation et le modèle s'essouffle. Une étude de Mckinsey[26] sur les entreprises familiales rappelle d'ailleurs qu'elles ont tendance, dans leur vision à long terme, à réduire leur capacité à prendre des risques en privilégiant une approche sur le long terme. Cela leur donne la capacité d'être plus robuste financièrement et donc à mieux passer les crises que leurs homologues non familiales. Cependant, elles ont tendance, pour une partie d'entre elles, à prendre du retard sur la course à l'innovation.

La DIG est le gap invisible qui se crée entre la croissance et la capacité de l'entreprise familiale et de la famille entrepreneuriale de créer des innovations de rupture. L'innovation de rupture permettant de créer de nouveaux marchés, ou de nouvelles entreprises. C'est la raison pour laquelle, dans ces familles, l'innovation peut venir de l'intérieur de l'entreprise mais aussi de l'extérieur. Elle peut venir du cercle de l'entreprise ou du cercle des actionnaires. Elle peut être pilotée par le dirigeant de l'entreprise familiale ou amenée comme nouveau projet par un actionnaire.

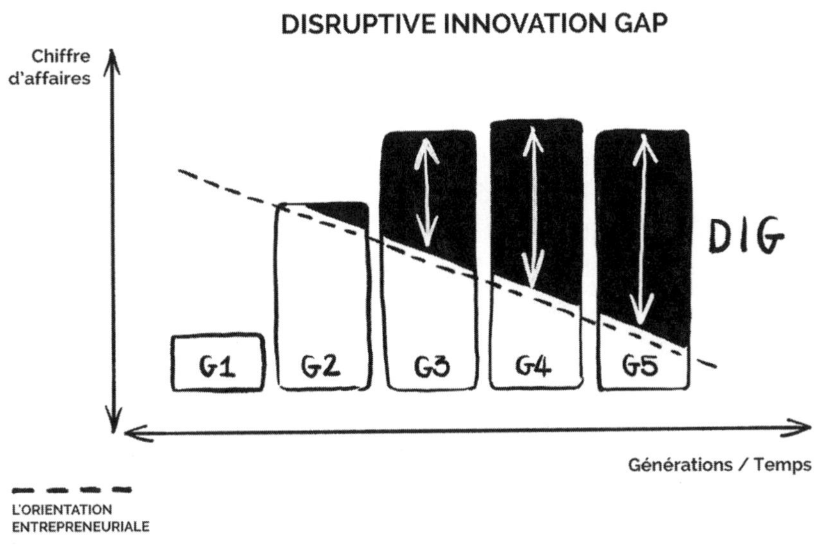

La plupart des familles qui échouent après plusieurs générations n'ont pas vu cette DIG ou ne la voient que lorsqu'elle est là. Le schéma en page précédente illustre ce phénomène. Il a d'ailleurs tendance à s'accélérer, nous n'avons pas toujours besoin d'attendre trois générations pour voir le phénomène arriver.

Les risques de la DIG

Prenez l'exemple de la famille Clanchin, propriétaire de l'entreprise Olga, qui a lancé en France le yaourt au soja, sous la marque Sojasun en 1988, il y a plus de trente-cinq ans en valorisant la filière du soja français sans OGM. À l'époque, il fallait être extrêmement visionnaire, avoir une orientation entrepreneuriale forte, des convictions, du courage et fournir beaucoup de travail pour investir dans ce qui deviendra le leader français de la catégorie des yaourts à base de soja. Malheureusement, depuis, les géants comme Danone sont arrivés avec des marques fortes, un niveau de dépense marketing important contre lequel il est toujours difficile de se battre. Le problème apparait donc rapidement : si l'entreprise familiale reste dans le *statu quo* de cette innovation de rupture, elle n'arrivera pas à se maintenir dans le futur face à ces géants. Elle est alors condamnée à innover pour survivre et c'est ce qu'elle fait depuis quatre générations.

Prenez un autre exemple, celui – souvent cité – de la famille Mulliez, avec Auchan. Cette famille développe depuis plusieurs générations une culture entrepreneuriale forte. Elle a créé une multitude d'entreprises mais peu ont réussi à grande échelle. Certaines, bien connues, ont échoué après plusieurs générations, et la plupart sont dans des situations plus ou moins équilibrées, profitant de la puissance du groupe pour rester en vie. Mais si vous comparez la destinée du groupe Casino de Jean-Charles Naouri avec celle de la famille Mulliez, vous constaterez que les groupes de supermarchés et d'hypermarchés Casino et Auchan ont traversé et traversent encore des périodes très compliquées. Auchan, qui a été pendant des années la vache à lait du groupe, perd depuis plusieurs années des sommes considérables. Cette entreprise n'existerait peut-être plus si la famille actionnaire n'avait pas réussi d'autres projets entrepreneuriaux comme Decathlon et Leroy Merlin qui, d'une certaine manière, l'ont remplacé en termes de performance économique, là où le groupe Casino s'est enlisé dans la DIG.

Bien entendu, tous les secteurs économiques et les familles sont différents, mais aucun n'est à l'abri de l'obsolescence de son modèle économique. Le secteur de la *fast fashion* en est un autre exemple, les entreprises familiales françaises tombent les unes après les autres depuis une décennie.

Le point commun entre les enseignes de distribution alimentaire et les franchises de vêtements de la *fast fashion* est qu'elles ont dupliqué leur modèle à grande échelle. Fortes de cette hypercroissance, elles ont délaissé leur orientation entrepreneuriale et ne disposent pas d'innovations de rupture suffisantes pour développer les nouveaux relais de croissance. Elles ont ouvert des magasins partout où cela était possible, en dupliquant leurs bonnes pratiques, en structurant leur management et en profitant des opportunités d'ouverture de zones commerciales. Les différents acteurs de ces industries, une fois le modèle français maîtrisé, ont tenté l'aventure à internationale, d'abord sur des marchés proches comme l'Espagne puis plus loin, l'Europe de l'Est, l'Amérique du Sud et l'Asie avec des succès plus mitigés se retrouvant face à de nouveaux acteurs disposant de modèles économiques différents. Dans le même temps, la concurrence internationale s'est accélérée en France mettant en difficulté ces structures qui tiraient l'essentiel leurs profits de ce marché pour financer leur développement. À cela s'ajoutent la digitalisation et le changement de comportement des consommateurs, le modèle se duplique mais s'essouffle, la rentabilité baisse. Certains ne s'en sont pas relevés.

La DIG est donc ce phénomène qui consiste à visualiser que l'accélération d'un modèle économique est basée sur une innovation de rupture qui se duplique mais qui n'en crée pas de nouvelles, ce qui à terme réduit les capacités de croissance et de résilience, et donc de robustesse, qui bâtit la confiance des actionnaires familiaux dans le temps.

Pour réussir à travers les générations, ces organisations doivent intégrer dans leur gouvernance actionnariale une réflexion constante sur leur capacité de structurer, sur le long terme, les innovations de rupture qui renforcent leur robustesse.

LES DÉFIS DE L'ENTREPRISE FAMILIALE FACE À L'INNOVATION

Organiser ses activités entrepreneuriales

Toutes les entreprises, et les entreprises familiales en particulier, sont confrontées au défi de l'innovation. Elles sont soumises plus que jamais à une concurrence mondiale sur des marchés qui arrivent aujourd'hui à maturité en quelques années, là où il fallait il y a encore quelques décennies une ou plusieurs générations pour y arriver. L'enjeu est d'organiser et de professionnaliser leur gouvernance pour qu'elles soient en capacité de développer à la fois une culture de l'innovation, mais également des activités entrepreneuriales permettant de garantir leur survie à travers les générations. Cela est d'autant plus important car la plupart des entreprises familiales sont des PME ou des ETI familiales qui n'ont pas la puissance de groupes comme celui de la famille Mulliez. Et par ailleurs, elles ont en face d'elle des *corporate*, de très grandes entreprises, multi-milliardaires en euros ou en dollars et qui sont capables d'engager des volumes d'investissements considérables pour gagner des parts de marché, et ainsi limiter la capacité de ces entreprises familiales à se maintenir dans la course.

Il ne s'agit pas ici d'expliquer comment une entreprise peut devenir innovante, mais de comprendre comment la gouvernance et le *mindset* de ces entreprises familiales doivent être structurés pour développer l'orientation entrepreneuriale de ces familles à travers les générations.

Comme nous le disions, elles sont confrontées à de nombreux défis liés à l'innovation : le défi de la culture ou du *mindset* entrepreneurial, le défi de l'expertise, celui du plan de succession, et celui de son financement. Ces défis sont internes à l'entreprise familiale. Si la DIG est importante, la culture de l'innovation de rupture est faible et repose souvent sur un comité de direction submergé par les priorités du quotidien. Dans les PME ou ETI, ce comité peut également manquer d'expérience ou d'expertises pour insuffler cette culture intrapreneuriale.

Alors que ces entreprises familiales sont souvent dotées de réserves de trésorerie importantes, elles n'ont pas toujours, ni la culture, ni les équipes pour structurer une démarche d'innovation de rupture. De même, lorsqu'elles ont un conseil d'administration ou de surveillance en place, celui-ci ne dispose pas toujours des compétences pour challenger le dirigeant sur les territoires de l'innovation. Si l'on ajoute à cela les enjeux de la transition énergétique que toutes nos entreprises doivent relever, l'équation se complique. Le *statu quo* s'installe, on duplique les bonnes pratiques d'avant et la DIG progresse.

Les innovations de rupture ont toutes trois points communs.

- Le premier, c'est qu'elles ont une certaine unicité qui répond ou développe de nouveaux besoins pour leur client ou consommateurs.
- Le second, c'est qu'elles développent toute une capacité à créer de la valeur forte pour l'entreprise.
- Enfin, elles nécessitent des financements importants et du temps, pour itérer, pivoter, se tromper et finalement trouver.

Lorsque la famille Clanchin, société Triballat Noyal devenue Olga, achète cette petite marque Suisse Sojasun, c'est qu'elle voit deux opportunités. La première, c'est l'unicité du produit qui est totalement aligné avec sa mission : « nourrir sainement de la terre à l'assiette ». Elle ne voit pas ici une nouvelle marque de yaourt, mais un marché à créer et dont elle va devenir l'acteur référent et leader en France. La seconde, c'est un relai de croissance formidable, qui vient utiliser une ressource différente de celle du lait, valoriser une filière française du soja, et un positionnement prix et bio premium qui crée de la valeur pour l'entreprise.

Cette innovation a permis à la famille entrepreneuriale de passer à un autre niveau de son développement, représentant aujourd'hui près d'un tiers de leur chiffre d'affaires, et structurant par la même occasion le nouveau récit de la famille. Ce sont Jean et Florence Clanchin qui ont pris ce risque il y a trente-cinq ans. Était-ce de la chance ? Un concours de circonstances ? Ce qui est certain, c'est que si c'était de la chance, alors cela n'aurait probablement pas duré très longtemps. Depuis, grâce à ce succès, l'entreprise a dupliqué et continue de dupliquer les recettes de cette innovation de rupture : des nouveaux parfums, des nouveaux formats, de nouvelles marques, de nouveaux marchés et un début d'internationalisation. Cependant, la question à laquelle cette famille devra répondre prochainement pourrait se résumer par : « Quel sera le futur Sojasun de notre entreprise familiale ? ».

Appliquée à l'ensemble des entreprises familiales, la question pourrait devenir : « Comment organiser une gouvernance afin de développer des activités intra ou entrepreneuriales capables de créer le futur Sojasun de toutes les entreprises familiales ? »

L'innovation de rupture pourrait aussi être vue comme la capacité de gagner les concours de circonstances. C'est-à-dire, de créer les conditions pour que, d'une manière ou d'une autre, depuis le cercle de l'entreprise ou celui des actionnaires, ces innovations puissent émerger. Et pour créer ces conditions, le plan de succession du dirigeant familial peut être challengé à la lumière de cette orientation entrepreneuriale.

L'impact sur les phases de transition familiale à la tête de l'entreprise

La succession du dirigeant familial est évidemment un moment toujours hasardeux pour une entreprise. Changer de dirigeant nécessite une transition soignée pour garantir sa pérennité. Une question se pose pour ce dernier qui prépare sa transition : cherche-t-il un repreneur ou un entrepreneur pour le remplacer ? Parle-t-on d'orientation entrepreneuriale pour emmener l'entreprise au niveau du dessus ou d'un repreneur capable de gérer l'actif le plus important de la famille ?

Il est très probable que vous soyez confrontés à la même réponse de la part du dirigeant qui cherche possiblement les deux pour le remplacer, évidemment. Et c'est là que cela se complique, car il n'est pas toujours évident de trouver les deux compétences dans une même personne et au sein des membres de la famille actionnaires. Les enjeux de gouvernance sont ici très importants notamment lorsque le *board*, que ce soit un conseil de surveillance ou un conseil d'administration, n'est par ailleurs pas doté non plus de ces compétences. Si l'entreprise atteint un plafond de performance, ne progresse plus et subis le phénomène de DIG, comment garantir au dirigeant, qui va passer la main, qu'il laisse une organisation capable de développer ses activités entrepreneuriales et de faire émerger les innovations de rupture nécessaires à sa pérennité ?

Il n'est pas évident d'être capable d'avoir à la fois les compétences pour diriger un groupe familial, une PME ou une ETI, de plusieurs dizaines, centaines de millions d'euros voir de quelques milliards, et en même temps d'avoir un *mindset* d'entrepreneur, créatif et innovant à même de sortir des sentiers battus pour investiguer et éventuellement réussir à ouvrir le champs aux innovations qui construiront le succès et le récit de la famille sur les vingt prochaines années. Et quand bien même certains dirigeants ont les deux, il faudrait en plus que cela soit incarné par une personne de la famille qui soit suffisamment intéressée pour rejoindre l'entreprise familiale. Les probabilités sont évidemment très faibles, et c'est la raison pour laquelle la gouvernance de ces organisations doit nécessairement passer par la professionnalisation de leurs activités entrepreneuriales. L'objectif est que cette orientation entrepreneuriale, gage de survie de ces familles à travers les générations, ne soit pas un coup de génie répété, mais qu'elle devienne une culture ancrée dans leurs racines et leur histoire. Cela induit la capacité de ces familles à être en capacité de saisir les opportunités, qu'elles viennent de l'entreprise comme de l'extérieur, via de la croissance externe ou par le financement de nouveaux projets innovants portés par la famille dans le cercle des actionnaires. Saisir les opportunités implique également des capacités de financement spécifiques.

C'est l'un des éléments clés de la démarche. Il faut non seulement avoir les fonds disponibles, mais également être au bon endroit et au bon moment. Lorsque l'entreprise familiale détient l'essentiel de sa richesse à l'intérieur de l'entreprise, elle manque de capacité pour diversifier le groupe dans le cercle des actionnaires et pour accompagner des projets entrepreneuriaux de la famille.

À l'inverse, lorsque l'entreprise est en situation plus difficile, qu'elle doit innover pour survivre, si la famille ne dispose pas des fonds, la recherche de financement externe peut s'avérer délicate, que ce soit via de la dette ou l'arrivée d'un fonds d'investissement. Comme vous le verrez dans le chapitre suivant, structurer le patrimoine, pour qu'il passe d'une situation de dépendance à une situation d'interdépendance avec l'entreprise familiale, permet de structurer des poches d'investissements sur le long terme. Ces dernières sont dédiées aux activités entrepreneuriales de la famille et de l'entreprise.

COMMENT STRUCTURER L'INVESTISSEMENT POUR SOUTENIR L'INNOVATION ?

Il y a plusieurs formes d'investissement qui impliquent plus ou moins des organisations pour soutenir l'innovation au sein des entreprises. Elles peuvent nécessiter des niveaux de maturité différente, des compétences variés et des ressources à mobiliser.

La R & D – Recherche & Développement

Elle est structurée de manière très différente en fonction des entreprises et de leur modèle, notamment lorsque celui-ci est industriel. Il lui est alloué des ressources humaines et financières dans le cadre du budget de l'entreprise. Cette démarche est souvent très structurante et structurée, notamment lorsqu'elle est la clé de voûte du business model de l'entreprise. Elle s'accompagne de dépôts de brevet et d'une course à la technologie et à l'innovation pour rester compétitif. Le niveau de maturité et de compétences nécessaires est élevé.

L'intrapreneuriat

Souvent organisé en petites cellules dédiées, internes, plus agiles, l'intrapreneuriat est doté de budgets souvent plus restreints, mais pas toujours, et d'un management spécifique qui peut aller jusqu'à la création d'un start-up studio[1]. Le niveau de maturité et de compétences est très aléatoire en fonction des projets.

Le start-up studio

Structurer un start-up studio interne nécessite un niveau de maturité plus élevé pour appréhender les territoires de l'innovation et ne pas se disperser. Les ressources à mobiliser sont importantes et les coûts sont particulièrement élevés. C'est un modèle assez complexe à exécuter, notamment pour recruter les talents capables de développer de nouvelles entreprises en interne mais également à soutenir dans la durée, car il nécessite beaucoup de temps avant de pouvoir récolter les fruits de la démarche. Pourtant, il permet de structurer une définition très précise des besoins de l'entreprise en amont et d'être propriétaire à 100 % des innovations générées. Le modèle est néanmoins très risqué et rarement performant. Il nécessite de structurer plus d'une centaine de pistes pour choisir une dizaine de projets qui amèneront à structurer deux ou trois projets en espérant que l'un d'entre eux réussisse.

1. Structure qui crée, finance et accompagne des projets innovants en interne, ayant la capacité de développer leur propre modèle économique en mutualisant des ressources et des expertises. Contrairement aux incubateurs ou aux accélérateurs qui soutiennent des entreprises innovantes en externe, un start-up studio génère lui-même ses idées et développe ses propres entreprises.

Investir en *private equity* dans des fonds thématiques

Si le niveau de maturité de l'entreprise est moins avancé, investir dans des fonds thématiques de *private equity* (fond de capital investissement qui prend des participations dans des sociétés innovantes) est une bonne façon de structurer une veille sur les marchés porteurs connexes à l'industrie historique de l'entreprise. Cette démarche permet d'aborder l'innovation en mode « apprentissage », d'accéder rapidement à un écosystème international pour un coût relativement faible, de cibler son approche via un cahier des charges spécifique et d'accéder à un *deal flow* qualifié. Cette démarche est souvent externalisée car les compétences sont rarement disponibles au sein des entreprises. Elle nécessite trois règles importantes : une organisation en mode comité d'investissement, une forte diversification pour contrer les risques élevés d'échecs et un suivi actif des lignes d'investissements. Cette approche est parfois déployée en parallèle au sein du cercle actionnaire. Il permet d'externaliser la démarche, d'impliquer les actionnaires familiaux, de diversifier le patrimoine et potentiellement de structurer une thèse d'investissement spécifique pour la famille et qui peut être différente de celle de l'entreprise familiale.

Le modèle de prise de participation minoritaire

Le modèle de prise de participation minoritaire directe va un cran plus loin. C'est le modèle du fonds de *corporate venture* qui permet d'aborder l'innovation par l'investissement avec un cahier des charges spécifique pour trouver des synergies industrielles ou commerciales. Cette démarche nécessite trois règles importantes pour structurer la démarche. D'abord, il convient d'atteindre une très forte diversification pour contrer les risques d'échecs qui sont nombreux parmi les start-up innovantes, notamment si l'on cherche des cibles *early stage*.

Ensuite, il nécessite un budget étalé sur au moins trois à cinq ans afin de structurer une démarche professionnelle permettant de construire un portefeuille d'au moins vingt à trente lignes d'investissements. Puis, il convient de structurer un suivi actif du portefeuille. Cette approche peut être internalisée ou externalisée. Elle est souvent plus performante lorsqu'une partie de l'équipe est externalisée. En effet, elle permet de gagner beaucoup de temps en utilisant des ressources structurées avec le niveau d'expertise adéquate pour sourcer, qualifier et due diligencer (lors d'une acquisition les dues diligences permettent de vérifier, contrôler, auditer et examiner les éléments financiers d'une cible d'acquisition) les opportunités d'investissements, mais également pour écarter les opportunités qui arrivent généralement dans le giron de la famille avec un possible conflit d'intérêt auquel il est parfois délicat de dire non. L'équipe externalisée permet de structurer une thèse d'investissement spécifique intégrant un nombre d'investissements ciblés, une géographie, des secteurs spécifiques, des maturités spécifiques ainsi qu'un niveau d'investissement ciblé. Si cette partie est externalisée, alors l'entreprise organise une équipe restreinte ayant autorité et compétence pour structurer la démarche de comité d'investissement qui permettra de se concentrer uniquement sur la phase de valeur ajoutée, consistant à choisir les cibles intéressantes pour l'entreprise.

Ce modèle est enfin très intéressant car il permet d'être en première ligne pour acquérir les sociétés qui passent en phase de *growth*, c'est-à-dire, ayant atteint le *product market fit*, élément essentiel et stratégique pour passer en phase d'accélération du modèle.

Cette démarche peut être reproduite au sein du cercle des actionnaires avec trois objectifs. D'abord, diversifier les activités familiales. Ensuite, intégrer les futurs administrateurs familiaux au *board* de ces entreprises innovantes afin de développer leurs compétences. Enfin, détacher cette approche très financière de l'innovation de l'entreprise, une approche à laquelle les comités de direction ne sont pas toujours préparés.

Le modèle de prise de participation majoritaire

Le modèle d'acquisition stratégique demande de la maturité et peut être également divisé en termes de rôles et responsabilités avec des ressources externes, notamment lorsque l'entreprise n'a pas les compétences de M & A[2] nécessaires pour accompagner la démarche. Cependant, le choix du partenaire est stratégique parce que certains territoires d'innovations recherchés, ayant un impact social ou environnemental important, ne sont pas nécessairement maîtrisés par toutes les banques d'affaires. L'approche a l'avantage d'apporter une extension directe de l'entreprise sur différents territoires tels que le produit, la chaîne de valeur ou la géographie. Ce modèle implique d'être structuré pour gérer ensuite l'intégration de ces acquisitions dans le groupe familial. Les enjeux d'adéquation de culture à celui de l'entreprise demandent des compétences et de l'expérience notamment lorsque les cibles sont installées dans d'autres pays que l'entreprise. Ce modèle demande des fonds plus importants dont ne dispose pas toujours l'entreprise. Il nécessite le recours à la dette bancaire et parfois des investisseurs externes. Lorsque le ou les projets d'investissements sont bien structurés, l'intervention de fonds d'investissement partenaires peut être une bonne solution d'accompagnement. Pourtant, les entreprises familiales sont souvent frileuses à cette idée qui parfois constitue un des nombreux dogmes que peuvent porter les familles entrepreneuriales.

Financer l'innovation en ouvrant son capital

En ce qui concerne l'investissement, comme nous venons de le voir, le dogme prépondérant est celui qui consiste à ouvrir ou ne pas ouvrir son capital aux investisseurs externes. Aller chercher l'innovation à

2. *Merging & Acquisition.*

l'extérieur requiert, si les ambitions sont importantes, des investissements lourds. Ces investissements nécessitent parfois l'ouverture du capital de l'entreprise pour accueillir des investisseurs capables d'apporter à la fois de l'expertise mais également des capacités financières. Pourtant, une étude menée en France par la BPI précise que 59 % des entreprises familiales sont fermées[27], c'est-à-dire que leur capital n'a jamais été ouvert à d'autres actionnaires que des membres de la famille, limitant leur capacité à s'enrichir de compétences et de capitaux extérieurs. Même lorsqu'elles n'ont pas assez de trésorerie pour soutenir leurs investissements, elles résistent à l'idée de faire rentrer des capitaux extérieurs, par peur ou par dogme jusqu'à ce que cela soit trop tard.

Ces croyances, comme ne jamais ouvrir son capital ou ne jamais vendre ses actions, font partie de ce que Laurent Allard et Emmanuel Costeux appellent les dogmes[28] de ces systèmes familiaux.

Par ailleurs, l'orientation entrepreneuriale peut venir de l'intérieur mais également de l'extérieur. Comment accompagner les projets entrepreneuriaux portés par des actionnaires familiaux, qui peuvent avoir besoin de fonds et de compétences pour mettre en œuvre ces derniers ? C'est ce qu'a su parfaitement structurer la famille Mulliez avec sa stratégie du « Tous dans Tout » qui a permis de développer des initiatives de rupture en parallèle des entreprises historiques. Mais la plupart des entreprises familiales se concentrent sur une seule entreprise en négligeant le cercle des actionnaires. Cela permet pourtant, en parallèle, de trouver des espaces de libertés importants pour les actionnaires familiaux qui souhaitent s'engager dans l'aventure entrepreneuriale.

LA FAMILLE À VISÉE RÉGÉNÉRATIVE

Nous avons évoqué précédemment la nécessité pour professionnaliser la démarche entrepreneuriale de structurer une thèse d'investissement spécifique pour garantir la capacité soit de l'entreprise soit de la famille de rester focus sur ses choix stratégiques.

La notion de régénératif implique un effet systémique. C'est-à-dire que l'on ne regarde plus la performance uniquement au niveau de son organisation mais au niveau d'un système tout entier. La famille à visée régénérative peut intégrer dans sa réflexion l'essaimage de son modèle pour aller plus loin que les classiques managements package ou les plans d'épargne entreprise pour ouvrir son capital à ses collaborateurs. Elle pourrait par exemple essaimer le modèle de l'entreprise familiale auprès de collaborateurs de talents qui pourraient quitter l'entreprise familiale pour répondre à leurs ambitions personnelles. C'est en réalité un vieux modèle qu'ont utilisé notamment les indépendants de la grande distribution ou de la franchise. Le modèle peut-être adapté pour des projets d'intrapreneuriat ou de développement international. Plusieurs groupes familiaux ont d'ailleurs développé ce modèle en restant 100 % actionnaires de leur *holding* familiale tout en ouvrant leur capital à l'ensemble des dirigeants de leurs filiales. Un responsable de la formation d'une grande chaîne de restaurant français me confiait que son réseau était composé de restaurants en propre et en franchise, mais que les plus performants étaient de loin les restaurants franchisés, dirigés par des entrepreneurs, disposant d'un *mindset* très différent des dirigeants de restaurants en propre.

Mais si la famille régénérative veut aller plus loin, on peut imaginer que le modèle familial devienne systémique et que la capacité d'accompagner certains collaborateurs de l'entreprise, choisis par la famille, puisse créer les conditions d'une orientation entrepreneuriale distinctive. Ensemble, le modèle pourrait créer des écosystèmes, à l'instar d'une canopée d'entreprises interconnectées partageant possiblement un set de valeurs communes, ainsi que tout ou une partie des quatre capitaux partagés précédemment : financier, sociétal, humain et réputationnel. Le modèle peut se dupliquer dans le cercle des actionnaires pour financer des projets entrepreneuriaux spécifiques et continuer à développer l'orientation entrepreneuriale. Pour cela, il est essentiel que la famille actionnaire soit alignée sur la manière dont les projets de la famille peuvent s'accorder avec ceux de la famille actionnaire. L'une des solutions est de structurer plusieurs thèses d'investissements spécifiques qui permettent d'aligner les valeurs de la famille actionnaire avec ses investissements. L'engagement des nouvelles générations se faisant par le développement de l'*affectio societatis*, il pourrait ou devrait se faire via l'innovation de rupture développant culturellement l'orientation entrepreneuriale de la famille pour inspirer la *nextgen*, et lui montrer que la plateforme familiale doit permettre à cette génération de se réaliser en tant qu'entrepreneur et non pas seulement en tant que repreneur potentiel. Utiliser le levier de l'innovation est ici un gage d'inspiration et d'*affectio societatis* fort. La capacité de la famille à structurer une démarche d'innovation très en amont de l'entreprise, peut être un élément clé pour inspirer une nouvelle génération d'entrepreneurs soit sur les territoires historiques adressés par l'entreprise, soit sur d'autres territoires.

Mais c'est aussi l'occasion d'utiliser le concept d'équité plutôt que d'égalité pour donner accès aux entrepreneurs de la famille, à des capitaux, de façon encadrée, avec un ou plusieurs comités d'investissement spécifiques qui viennent valoriser les projets portés. Certains montent des fonds spécifiques, d'autres s'ajustent au cas par cas. Il ne s'agit pas ici de prêts qui pourraient être proposés à la famille, mais bien de fonds spécifiques et dédiés à l'entrepreneuriat et à l'innovation. Et cela peut prendre plusieurs formes. Certaines familles ont monté leur propre fonds d'investissement de *private equity*, avec une thèse spécifique focalisée sur deux ou trois objectifs de développement durable comme le changement climatique, l'économie circulaire, la santé, l'éducation et l'énergie. D'autres ont créé des fonds dédiés à la prise de participation stratégique minoritaire ou majoritaire et en parallèle des fonds pour accompagner la famille en distinguant bien les deux. L'accompagnement peut d'ailleurs aller au-delà du financier par un accompagnement spécifique de l'entrepreneur, notamment lorsqu'il est familial avec des mécanismes classiques de mentoring et de supervision.

Les familiaux qui ne seront pas opérationnels dans l'entreprise sont idéalement des actionnaires engagés. Et lorsqu'on aborde le sujet des nouvelles générations, la formation des futurs administrateurs est l'une des bonnes pratiques à envisager. Elle passe par de la formation, de la communication bien sûr, mais aussi par des rôles et des responsabilités au sein des organes de gouvernances de la famille. Lorsqu'il s'agit d'innovation, envoyer dès que possible de jeunes actionnaires familiaux au *board* d'entreprises innovantes dans lesquelles la famille ou l'entreprise a investi en tant qu'actionnaire minoritaire, peut également être une bonne pratique, comme nous l'avons vu précédemment.

Enfin, intégrer l'innovation dans le plan de succession familial devrait être l'un, si ce n'est l'élément clé, à bâtir avec les futurs dirigeants de l'entreprise qu'ils soient familiaux ou non. Cela permettrait de bien répartir les rôles dans le cadre de la transition au sein de l'entreprise. Que ce soit pour intégrer des membres de la famille dans l'entreprise familiale ou pour leur confier les rênes du groupe, les qualités de curiosité, de créativité, d'innovation sont importantes pour éviter la DIG dans les vingt ans à venir. C'est aussi parfois une opportunité pour le dirigeant en place lorsqu'il tarde à quitter la direction du groupe. En effet, quand on a dirigé une entreprise pendant plusieurs décennies, l'idée de s'arrêter peut s'avérer difficile et l'idée même de se retrouver sans activité proche de l'enfer. Il y a bien sûr la solution traditionnelle de basculer sur un rôle non exécutif comme président du conseil, mais il y a aussi l'opportunité de développer de nouvelles activités entrepreneuriales dans le cercle actionnaire, surtout lorsque l'on a la fibre entrepreneuriale. Et, quel meilleur moyen que de le faire en famille, comme acte de transmission de l'orientation entrepreneuriale, après avoir passé le flambeau de l'entreprise, en collaboration avec d'autres actionnaires familiaux de la prochaine génération.

L'outil
Six étapes pour développer une orientation entrepreneuriale distinctive

Étape 1 : Analyser la DIG

La DIG existe-t-elle aujourd'hui dans votre entreprise ? Où en est le processus de duplication ? Est-il en danger ou a-t-il encore de très forts relais de croissance qu'il faut pousser ?
Il est important de pouvoir projeter sur du long terme ce qu'il reste pour profiter du modèle actuel. Y a-t-il des projets d'innovation de rupture au niveau de l'entreprise familiale que ce soit en interne ou en croissance externe ? Y-a-t-il des projets entrepreneuriaux ou intrapreneuriaux au niveau du cercle des actionnaires familiaux qui pourraient être accompagnés par la famille ? La famille et l'entreprise disposent-elles des capacités financières pour accompagner ces projets ? Dans quel cercle ces capacités sont-elles disponibles ?

Étape 2 : Analyser vos compétences

Disposez-vous des compétences stratégiques qui permettent de comprendre les grandes tendances des territoires sur lesquelles l'entreprise intervient mais aussi sur d'autres territoires ? Disposez-vous de l'expertise technique nécessaire pour comprendre les nouvelles tendances et appréhender les technologies émergentes ? Disposez-vous des capacités pour prendre des risques de manière structurée pour apporter un support aux innovations naissantes ou en développement ? Avez-vous suffisamment d'agilité pour accompagner l'innovation que ce soit en croissance externe ou en lancement de produit ? Avez-vous les bons talents et experts, à l'intérieur ou à l'extérieur de l'entreprise capable de bâtir des PMF (*product market fit*) dont votre entreprise a besoin ? Comment analysez-vous vos compétences de communication pour embarquer vos équipes et votre famille ? Votre gouvernance est-elle appropriée pour prendre des décisions stratégiques pour l'entreprise ?

Maîtriser toutes ces compétences n'est pas toujours facile, notamment parce que les talents des entreprises se renouvellent et ce sont parfois des compétences qui quittent l'entreprise avec eux. L'enjeu est donc de bâtir les meilleurs processus de gouvernance capables de garantir la robustesse de l'orientation entrepreneuriale afin de bien choisir ses combats.

Étape 3 : Développer un mindset *à visée régénérative*

Avez-vous intégré une approche multidimensionnelle en utilisant les quatre capitaux de la famille, pour projeter la famille à vingt ans sur de nouveaux territoires d'action ? Avez-vous structuré une ou plusieurs thèses d'investissement spécifiques pour soutenir l'innovation dans les différents cercles entreprise et actionnaires ? Enfin, quelle part de risques êtes-vous prêt à prendre ?

Étape 4 : Définir les territoires d'actions et identifier les porteurs de projets

Qui sont les talents dans votre écosystème capables de porter des innovations de rupture pour permettre à l'entreprise familiale et à la famille entrepreneuriale de faire émerger les pépites qui souffleront dans les voiles de la prochaine génération ?

Étape 5 : Organiser et structurer vos comités d'investissement

Qui décide ? Avez-vous intégré des règles spécifiques notamment dans le cercle de la famille et des actionnaires pour valoriser l'équité plutôt que l'égalité pour accompagner les entrepreneurs familiaux ? Vos comités d'investissements, s'ils existent, profitent-ils de ressources extérieures vous permettant d'avoir un regard bienveillant mais structurant pour vos prises de décisions ?

Étape 6 : Structurer les capacités financières : Wealth as a service

Avez-vous les moyens de vos ambitions ? Où sont vos capacités d'investissements ? Si vous aviez des moyens illimités, que feriez-vous ? Comme vous ne les avez pas, qu'avez-vous mis en place pour vous financer en avance de phase ? Y a-t-il une organisation spécifique pour financer les projets entrepreneuriaux de la famille ? La démarche est-elle organisée et structurée ?

Combien de temps consacrez-vous à l'orientation entrepreneuriale ?

S'il y a un point de consensus parmi les chercheurs du monde entier sur la survie des entreprises familiales, c'est que celles qui traversent les générations avec succès adoptent systématiquement une approche distinctive à chaque génération. Bien sûr, chaque famille actionnariale développe cette orientation de manière très différente. Certaines développent des galaxies d'entreprises en espérant que quelques-unes fonctionnent pour soutenir les autres, d'autres se focalisent sur de la croissance externe ou sur de l'investissement minoritaire pour être au contact des innovations du marché, d'autres encore innovent de l'intérieur en restant focalisé sur le métier historique. Qu'elle soit industrielle ou de services, l'entreprise invente son modèle car il n'y a pas de méthode unique. Et puisqu'aujourd'hui viennent s'ajouter la transformation des modèles d'affaires et la nécessité d'initier une bascule d'un modèle extractif vers un modèle régénératif, les enjeux sont plus que jamais interconnectés entre les territoires de l'entreprise, du patrimoine et de la famille. Ce qui est sûr, c'est que bien analyser la DIG ou *a minima* se rendre compte qu'elle existe dans une entreprise familiale, est un élément essentiel que les dirigeants et le conseil d'administration doivent régulièrement observer et analyser. L'orientation entrepreneuriale doit être un pilier stratégique, car c'est le seul qui permet de traverser les générations.

Le cas de Naturopôle Nutrition Santé

Une innovation collaborative au cœur de l'écosystème rural

Le Naturopôle Nutrition Santé, situé à Saint-Bonnet-de-Rochefort, est un exemple remarquable d'innovation et de collaboration en écosystème rural. Né de la vision de Philippe Laurent, docteur en pharmacie et entrepreneur, ce projet s'inscrit dans une dynamique territoriale unique qui allie santé, développement durable et attractivité économique.

Un projet visionnaire au service d'un territoire

Dès 1987, Philippe Laurent développe un laboratoire de médicaments et de compléments alimentaires à base de plantes, inspiré par l'histoire locale de la culture des plantes médicinales. En partenariat avec la maire de l'époque, Anne-Marie Defay, il a lancé une démarche de reconversion économique et sociale ambitieuse : la création d'un parc économique à thème en 1995, baptisé le Naturopôle. Ce projet visait à répondre aux besoins d'une santé durable tout en revitalisant une petite commune de 600 habitants, démontrant ainsi l'impact positif d'un engagement à la fois professionnel et territorial.

Un modèle de collaboration public-privé

Le succès du Naturopôle repose sur une collaboration étroite entre des collectivités locales et des entreprises privées. Cette démarche s'appuie sur une approche économie industrielle et territoriale (EIT), mobilisant des ressources locales et renforçant l'attractivité régionale. Labellisé « Pôle d'excellence rurale » en 2006 et 2010, le projet a permis de fédérer six entreprises et 300 collaborateurs, dont la majorité réside à proximité immédiate.

Les piliers d'un écosystème innovant

Le Naturopôle se distingue par une organisation innovante et une capacité à générer des synergies productives :

- Intégration des compétences : sur un même site, le Naturopôle regroupe des expertises variées en sélection variétale, extraction végétale, innovation en packaging recyclable, fermentation, et gestion de projet. Cette concentration favorise une maîtrise complète de la chaîne de valeur, de la recherche au produit fini.

- Synergies et intelligence collective : les entreprises collaborent étroitement, partageant savoir-faire et ressources pour développer des solutions innovantes en santé et nutrition. Cette dynamique collaborative est renforcée par des partenariats stratégiques avec des universités, des pôles de compétitivité et des centres technologiques.
- Engagement en développement durable : dès sa création, le Naturopôle a adopté une démarche axée sur la durabilité, privilégiant les circuits courts, les pratiques écologiques, et une économie circulaire. Cette stratégie lui a valu la certification ISO 14 001, confirmant son rôle de pionnier en responsabilité sociétale des entreprises (RSE).

Une offre globale et transversale

Le Naturopôle propose une chaîne de valeur intégrée, allant du sourcing des matières premières locales à la production et à la distribution de solutions santé innovantes. Cette offre globale lui permet d'anticiper et de répondre rapidement aux évolutions du marché tout en garantissant une qualité exceptionnelle.

L'impact d'un modèle écosystémique

Avec plus de trente ans d'existence, le Naturopôle illustre la puissance d'un modèle écosystémique. Son ancrage territorial, associé à son engagement en faveur de l'innovation et de la durabilité, a permis de revitaliser une région rurale tout en créant un impact économique et social tangible. La collaboration entre les acteurs locaux et la cohérence des valeurs partagées en font un exemple inspirant pour d'autres territoires.

Une leçon pour l'avenir

Le Naturopôle Nutrition Santé incarne l'avenir des collaborations écosystémiques en alliant innovation, responsabilité sociale et engagement environnemental. Son succès repose sur la synergie entre des entreprises complémentaires, une vision commune portée par des leaders locaux, et un ancrage territorial fort. Ce modèle peut servir d'inspiration pour relever les défis économiques et environnementaux dans d'autres régions, montrant que l'innovation n'est pas réservée aux grands centres urbains. Qui mieux que des entreprises familiales pour porter ce genre d'innovation dans l'ensemble de nos territoires ?

L'ESSENTIEL

- **Éviter la DIG est probablement l'un des enjeux majeurs des entreprises familiales notamment lorsque celle-ci est peu diversifiée. Elle se revisite régulièrement et s'appréhende de l'intérieur comme de l'extérieur. Le rôle du conseil d'administration est essentiel.**
- **L'orientation entrepreneuriale distinctive à chaque génération reste le point clé de la survie de ces organisations familiales à travers les générations. Développer des activités entrepreneuriales est donc non pas un *nice to have* mais un *must have* dont ces organisations ne peuvent se passer.**
- **Avoir un processus solide pour animer ces activités entrepreneuriales est une des clés de la réussite.**
- **Pour embarquer les nouvelles générations et répondre aux enjeux des grandes tendances des marchés de demain, intégrer la notion de modèles régénératifs peut devenir à la fois une source de compétitivité pour les entreprises de la famille, mais également une façon d'attirer les nouvelles générations dans le mouvement familial.**
- **Grâce à leur ancrage territorial, les entreprises familiales ont une place prépondérante et sont les mieux placées pour réussir à bâtir des écosystèmes innovants au sein de leurs territoires.**

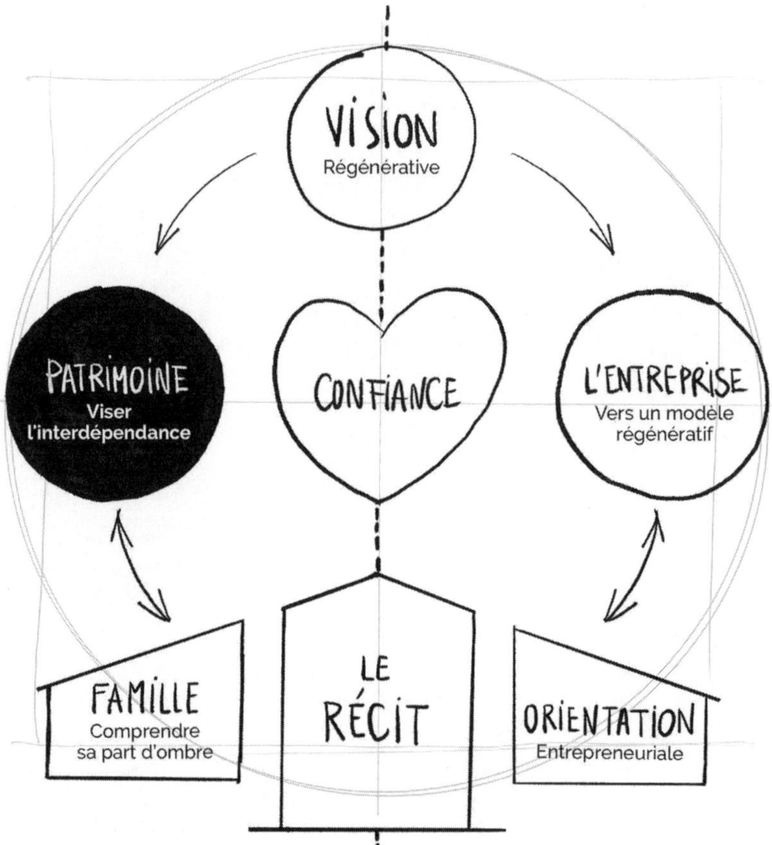

***Figure 11** – L'interdépendance du patrimoine familial*

CHAPITRE 6

Viser l'interdépendance du patrimoine familial

« La plupart des objectifs que vous désirez atteindre reposent sur des actions interdépendantes. »
Stephen R. Covey, *The 7 Habits of Highly Effective People*

Executive summary

- Le patrimoine familial, lorsqu'il dépend de la réussite de l'entreprise familiale, offre une protection relative à la famille, mais peut aussi exercer une pression importante sur l'entreprise, qui doit en parallèle assurer sa propre pérennité. En période délicate, cela peut fragiliser l'ensemble du système et engendrer des conflits d'intérêts entre ces deux cercles.
- Lorsqu'il est indépendant de la performance de l'entreprise, il joue un rôle de protection pour la famille sans peser sur l'entreprise. Il peut permettre de financer des services pour la famille, soutenir des activités complémentaires à l'entreprise familiale et accompagner les actionnaires familiaux dans d'autres projets.
- Lorsqu'il devient interdépendant avec l'entreprise, le patrimoine constitue un levier à la fois pour protéger la famille, l'accompagner dans sa diversification, la libérer de la pression exercée par l'entreprise familiale et soutenir cette dernière en cas de difficultés.

ATTEINDRE L'INTERDÉPENDANCE

Une dépendance à l'entreprise familiale

Le patrimoine des familles entrepreneuriales est traditionnellement composé de deux types d'actifs : matériels et immatériels. Les actifs matériels concernent généralement des biens comme la ou les entreprises familiales, les actifs immobiliers, qu'ils soient d'investissement ou de cœur, la fondation s'il y en a une, ainsi que les actifs financiers. Les éléments immatériels sont constitués principalement du nom et de la réputation qui peut y être attachée, mais également de son histoire, ses valeurs, ses traditions. Ces derniers sont souvent aussi importants pour la famille que les actifs financiers, car ils incarnent une part de leur identité et de leur histoire À certains égards, ils jouent un rôle de ciment intergénérationnel, notamment pour les biens de coeur, où se sont fabriqués, au fil du temps, des souvenirs communs.

Ce patrimoine peut être aussi parfois vécu comme un poids par les héritiers, notamment lorsque celui-ci est globalement illiquide. Il n'est pas rare de voir des situations assez complexes qui peuvent créer des « faux riches ». Ces derniers sont les héritiers d'entreprises familiales, très fortement valorisées, et qui ne distribuent traditionnellement aucun dividende ou très peu à leurs descendants créant des situations parfois complexes pour ces familles. Par exemple, si elles souhaitent conserver l'entreprise dans le giron de la famille alors qu'elles ne disposent pas toujours des liquidités pour faire face à la fiscalité de la transmission qui y est attachée. Cette situation est liée à la concentration des ressources au sein de l'entreprise. On dit souvent que les entreprises familiales sont plus résilientes en cas de crise. Cela est tout à fait vrai, mais ce que l'on oublie de dire, c'est que ce n'est pas parce qu'elles sont plus dynamiques que les autres. C'est essentiellement parce qu'elles distribuent beaucoup moins de dividendes que les sociétés cotées, et qu'elles conservent des liquidités importantes pour protéger l'entreprise en cas de difficultés. À l'inverse, lorsqu'elles distribuent directement aux actionnaires, c'est-à-dire à des personnes physiques ou à leur *holding* individuelle, des dividendes réguliers et potentiellement significativement importants, ces derniers peuvent créer une certaine dépendance de ces héritiers à ce flux financier. Lorsque ce dernier s'arrête ou devient instable, il peut, à certains égards, créer de potentiels conflits d'intérêts entre le cercle de l'entreprise et le cercle des actionnaires. Il n'est pas rare de voir s'installer dans le cercle des actionnaires familiaux une partie d'héritiers passifs dont l'essentiel des revenus vient de ces dividendes et qui, par ailleurs, n'apportent aucune contribution à la famille. En cas de changement important et notamment de difficultés de l'entreprise à pérenniser ce flux, cela peut créer en cascade de potentiels conflits familiaux. Cette dépendance à la performance de l'entreprise peut être néfaste à long terme pour l'équilibre de la famille et c'est la raison pour laquelle dans la formule de la confiance abordée précédemment, il convient de s'assurer de la robustesse du business ET du patrimoine. Cette situation est généralement complétée par la détention d'actifs immobiliers, souvent hébergés dans des SCI[1] qui détiennent fréquemment l'ensemble des actifs professionnels de l'entreprise tels que le ou les sièges sociaux, les bureaux, les usines. Ces actifs peuvent représenter une part importante du patrimoine familial et se retrouver parfois dans des situations d'illiquidité. Ils peuvent créer eux aussi de possibles conflits familiaux notamment lorsque le niveau d'indivision est important et que la capacité de racheter ceux qui veulent sortir n'est pas organisée.

La plus grande richesse des familles entrepreneuriales est souvent, mais pas toujours, concentrée sur les titres des ou de l'entreprise familiale, puis des actifs immobiliers professionnels. Lorsque la situation de dépendance est importante, la richesse est essentiellement concentrée sur ces deux pôles. Si nous étions au casino, nous pourrions comparer ce placement comme à celui de tout mettre sur le rouge ou sur le noir. Cette situation met la famille dans une situation de vulnérabilité face aux crises financières récurrentes mais impose aussi une pression à l'entreprise de protéger la famille. Elle constitue donc, d'une certaine manière,

1. Sociétés civiles immobilières.

une barrière importante à l'innovation et à la transmission. L'entreprise familiale peut se retrouver avec une triple responsabilité : investir pour innover et prospérer dans des marchés concurrentiels, protéger la famille en versant un minimum de dividendes ou en offrant des emplois, et financer la transmission du patrimoine à la génération suivante.

Pour ces familles, passer d'une dépendance à l'entreprise familiale à un patrimoine indépendant de l'entreprise familiale est une première étape à envisager pour libérer l'entreprise de cette triple contrainte et rassurer la famille qui demande, consciemment ou inconsciemment, un certain niveau de protection.

De la dépendance vers l'indépendance

L'indépendance repose sur la capacité de la famille entrepreneuriale à créer les conditions permettant de structurer le patrimoine non professionnel. Celui-ci doit être conçu de manière à protéger la famille, indépendamment de la réussite de l'entreprise. Il doit aussi assurer les liquidités nécessaires pour faire face aux enjeux de transmission. Enfin, il doit permettre de nourrir les ambitions de la famille et contribuer au développement de son orientation entrepreneuriale, notamment lorsque celle-ci s'est dotée d'une vision familiale engagée et inspirante pour la génération émergente.

Une première étape pour professionnaliser la démarche et rendre ce patrimoine indépendant consiste à le structurer de telle manière qu'il puisse générer des revenus alternatifs à ceux de l'entreprise et organiser ses propres stratégies d'investissement. Cela nécessitera de clarifier en cascade de la vision familiale, une stratégie patrimoniale de la famille mais également les rôles et les responsabilités de ceux qui seront chargés de la piloter. Il conviendra ici de construire une allocation stratégique d'actifs avec des objectifs précis à atteindre dans un espace-temps donné et des territoires d'actions et d'investissement spécifiques : pilotage du cash, des actifs côtés, des actifs immobiliers, des investissements en *private equity*, que ce soit en direct ou dans des fonds d'investissement, que ce soit en minoritaire ou en majoritaire et enfin si cela est prévu une partie de philanthropie.

Si ce patrimoine privé devient indépendant, il crée ses propres capacités pour protéger la famille actionnaire et peut, à ce titre, utiliser les dividendes de manière asynchrone. Autrement dit, les dividendes de l'entreprise alimentent en partie les *holdings* familiales pour constituer, au fil du temps, les réserves nécessaires à l'indépendance du patrimoine familial vis-à-vis de l'entreprise. L'objectif est d'éviter que ces dividendes ne financent directement le train de vie des héritiers et qu'ils ne deviennent, à terme, des héritiers passifs dépendant de ces revenus pour vivre. S'il n'y a pas d'a-synchronicité entre les dividendes de l'entreprise et le train de vie des actionnaires, le risque d'instabilité sera élevé le jour où les difficultés dans le cercle de l'entreprise arriveront. Et ils arrivent toujours.

De l'indépendance vers l'interdépendance

L'interdépendance intervient lorsque la puissance du patrimoine familial est telle qu'elle lui permet d'être en soutien des entreprises et des entrepreneurs de la famille lorsqu'ils en ont besoin. Ce qui veut dire que, lorsque tout va bien, les entreprises alimentent le patrimoine familial lequel, s'il est professionnalisé, développe ses propres solutions d'investissement afin de protéger la famille, en assurer sa transmission et soutenir ses entreprises le cas échéant. Lorsque la situation est inversée, l'entreprise n'a pas la charge de protéger la famille pour traverser une période délicate de son histoire. Cette situation permet aussi d'organiser plus facilement la liquidité des parts de l'entreprise familiale et des autres actifs de la famille pour ceux qui souhaiteraient s'en détacher. C'est la mécanique de la bourse d'échange qui peut intégrer des règles très différentes d'une famille à l'autre et qui couvre le volume maximum de parts qui peut circuler à un instant t, sa fréquence d'échange, sa valorisation et enfin un système de priorité au sein des acheteurs et des vendeurs. L'équilibre n'est pas toujours évident à trouver car beaucoup de paramètres rentrent en jeu et notamment les facteurs externes à la famille : la situation économique, une période de difficultés de l'entreprise, une période de succession.

Lorsque le patrimoine familial est dans une situation de dépendance vis-à-vis de l'entreprise familiale, le pouvoir est au niveau de l'entreprise. Quand il devient indépendant, les pouvoirs s'équilibrent et la pression sur l'entreprise diminue. Enfin, lorsqu'il devient interdépendant, c'est la famille entrepreneuriale au niveau du cercle des actionnaires qui prend le dessus. Et cela lui donne beaucoup de force. Puisque pour survivre à chaque génération, la famille entrepreneuriale doit s'assurer de développer une orientation entrepreneuriale distinctive. Et si le patrimoine est interdépendant de l'entreprise, alors la famille actionnaire dispose des moyens pour financer ses ambitions. Ces activités entrepreneuriales peuvent être stimulées au sein des entreprises elles-mêmes, mais également, comme nous l'avons déjà abordé, au sein du cercle actionnaire. Dans ce second cas, le patrimoine peut ici prendre un rôle alternatif à celui de protéger la famille, il se met à son service, c'est la notion de *Wealth as a service.*

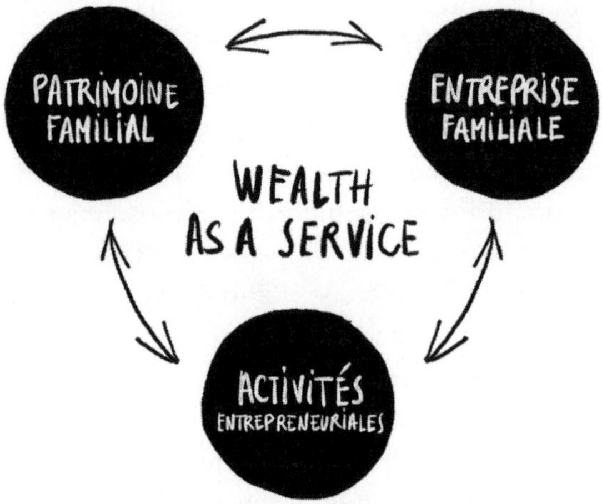

Lorsque cette notion est en place, les enjeux d'égalité entre les héritiers peuvent être complètement revus. En effet, grâce à l'a-synchronicité des revenus, la notion de « qui détient la richesse » peut être complètement revisitée. En effet, entre la première et la seconde génération, la transmission est souvent égalitaire. Les enfants héritent très souvent d'une répartition égale des actifs où se répartissent les actifs selon un principe d'équilibre et d'égalité. Cette notion est ici purement économique puisque, bien entendu, ce qui paraît égalitaire d'un point de vue financier, ne l'est pas toujours d'un point de vue émotionnel. Néanmoins, cette notion d'égalité devient ensuite plus complexe puisqu'elle ne se reproduira probablement pas dans la dynamique de branche, créant de fait une détention capitalistique inégalitaire du patrimoine familial. Lorsque le patrimoine devient interdépendant de l'entreprise familiale, il peut intervenir différemment et permettre de profiter du concept d'équité. Le concept d'équité va ici permettre à certains membres de la famille de pouvoir accéder à une partie de leur richesse pour financer des projets, par exemple entrepreneuriaux, alignés avec la vision familiale sans que tous les héritiers puissent accéder à la même richesse en parallèle. Cette approche apporte une dimension nouvelle dans l'équilibre de la famille puisque c'est le niveau de contribution et d'engagement qui permet d'accéder à certaines richesses et non plus uniquement la qualité d'héritier.

C'est la raison pour laquelle, pour se mettre parfaitement au service de la famille, il convient, en cascade, de définir précisément les objectifs de celle-ci et ses choix en termes de stratégies d'investissement, à partir de la vision familiale. Et comme tous les modèles économiques sont en train de muter, liés à la transition énergétique ainsi qu'à la crise environnementale et sociale qui y est attachée, alors l'intégration des quatre capitaux au sein de la vision familiale devrait se décliner au sein de l'allocation stratégique du patrimoine.

L'interdépendance : une vision régénérative

Le patrimoine des familles entrepreneuriales a toujours eu un rôle qui allait au-delà de la protection de la famille pour ces familles entrepreneuriales. En effet, leurs engagements sociétaux historiques, notamment liés à leur ancrage territorial, sont prépondérants. Et jusqu'ici, cette contribution était essentiellement structurée par une démarche philanthropique. Le rôle de ce patrimoine et la manière de le structurer semblent évoluer vers une position plus contributive, notamment pour répondre aux enjeux sociaux et environnementaux auxquels la famille est attachée, mais aussi pour structurer une démarche écosystémique, et donc régénérative. Celle-ci pourrait permettre de créer une forme d'interdépendance entre les membres de la famille, leur communauté et leur écosystème afin de valoriser ce qui est hérité pour contribuer à la vision familiale partagée et garder le projet familial en vie avec la nouvelle génération à bord. Ce changement de paradigme pourrait se résumer par la bascule d'une logique de possession vers une logique de contribution aux limites planétaires et à l'urgence environnementale.

Ces changements demandent de structurer et de professionnaliser la démarche, ainsi que de monter en compétence pour comprendre l'évolution de nos modèles et du système financier en général. En effet, on a longtemps considéré avec le développement de l'économie sociale et solidaire, qu'avoir un impact social et/ou environnemental signifiait nécessairement de gagner moins d'argent que sur un investissement traditionnel. Mais qu'est-ce qu'un investissement traditionnel ? C'est celui qui prend en compte un ratio risque-rendement qui promet, sans le garantir, un rendement financier supérieur potentiel pour un risque plus élevé, et inversement, un risque faible pour un rendement faible. Depuis deux décennies, la notion d'extra-financier a envahi le monde de la finance, y compris réglementairement. Mais l'extra financier est en train de devenir le financier. En effet, les méga tendances du marché intègrent toutes les enjeux de la transition énergétique dans leurs modèles. Le secteur de la *climate tech* prévoit des investissements qui passeront de cinq trillions à douze trillions sur les dix prochaines années pour investir dans les secteurs suivants : économie circulaire, agriculture et agroforesterie, gestion de l'eau, gestion efficace des matières premières, efficacité énergétique, le trio production stockage et distribution d'une énergie propre à un coût abordable. Toutes ces méga tendances intègrent l'utilisation de la technologie pour transformer leurs modèles : intelligence artificielle, robotique, plateforme, brevets, innovations de rupture, nouvelles technologies...

MESURER CE QUI COMPTE

Comme nous l'avons vu précédemment, les familles entrepreneuriales disposent de quatre capitaux distincts : le financier, l'humain, le réputationnel et le sociétal. Bien que le capital financier prenne une place importante dans le pilotage patrimonial, les trois autres y ont également toute leur place. Notamment, parce que la nouvelle génération peut être amenée à pousser les enjeux sociétaux au niveau de l'entreprise mais également au niveau des investissements de la famille. En France, une étude de l'Observatoire[29] a pointé le fait que 47 % des jeunes entre 16 et 24 ans estiment que la manière de placer leur argent peut avoir un impact sur la société. Il convient donc de bien appréhender les enjeux de la finance durable, à commencer par comprendre le spectre du capital et de la philosophie de l'investissement à impact afin de pouvoir mesurer ce qui compte vraiment.

L'investissement à impact

Basée sur trois piliers, intentionnalité, additionnalité et mesurabilité, cette philosophie d'investissement soulève des défis opérationnels importants. Les enjeux sociaux et environnementaux étant devenus indissociables, interconnectés, ils nécessitent des efforts coordonnés à l'échelle mondiale. Heureusement, de nouveaux secteurs d'activité émergent et attirent de nombreux talents ainsi que des capitaux pour les financer. Il est désormais possible de concilier investissement à impact et rendement financier et ce pour une raison simple. L'*impact investing* n'est ni une classe d'actif, ni de l'investissement dans l'économie sociale et solidaire, ni de la philanthropie. C'est une philosophie d'investissement *cross class*[2] d'actifs et qui permet de mesurer la contribution de l'investissement et de l'investisseur pour piloter sa stratégie et sa

2. Une classe d'actifs représente une catégorie d'investissement ayant des caractéristiques similaires en termes de rendement, risque et fonctionnement (actions, obligations, immobilier, matières premières, *private equity*...). *Cross class* d'actif signifie que l'investissement à impact n'est pas une *class* d'actif mais une philosophie d'investissement qui peut s'appliquer à toutes les classes d'actifs.

performance. Mais le succès dépend fortement de la qualité d'exécution, notamment si l'on souhaite éviter le *greenwashing*.

Bien que la finance durable ait progressé ces dernières années, il y a encore beaucoup à accomplir pour former à la fois les professionnels de la finance et les investisseurs afin d'éviter les confusions. L'investissement responsable est une approche qui gagne en popularité. Cette stratégie est basée sur le principe d'exclusion de secteurs controversés aux yeux de l'investisseurs. Elle a pour objectif d'éviter de nuire et indique que l'investisseur à conscience de ce que son investissement représente. En appliquant une exclusion, il indique son souhait de ne pas financer certaines industries, qu'il estime être dans des secteurs ou des industries controversés. De fait, c'est une première étape qui n'a pas de velléité à devenir contributive mais au contraire à éviter ce qui ne l'est pas.

L'investissement durable, lui, se concentre sur le pari que les entreprises travaillant leurs critères ESG ont plus de chance d'avoir de la pérennité dans le temps. Il y a longtemps eu de la confusion sur ces critères et sur d'autres acronymes financiers comme notamment l'ISR[3] où par manque de formation, parfois d'authenticité, la confusion pour l'investisseur pouvait être forte. Alors, comment clarifier l'adéquation entre l'intention d'investir sur ces typologies de produits financiers classifiés ISR et leurs capacités à avoir un impact tangible et mesurable ? Travailler sur ces critères ESG n'apporte aucune garantie d'impact à l'investisseur.

Et c'est ce qui caractérise la finance à impact qui va un cran plus loin puisqu'elle génère un impact positif en mettant l'accent sur le cœur de métier de l'investissement, ainsi que sur la contribution distinctive que souhaite avoir l'investisseur. La finance devient régénérative lorsqu'elle devient systémique, c'est-à-dire que sur un même secteur d'activité, l'ensemble du système collabore afin que chacun puisse atteindre ses objectifs individuels, tout en garantissant la contribution systémique et durable du secteur.

3. Investissement socialement responsable.

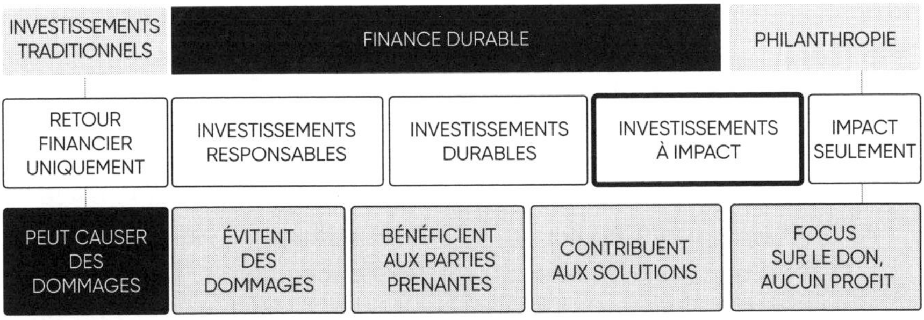

***Figure 12** – Le spectre du capital*

L'étude *Why sustainability Pays* réalisée à partir de la performance de plus de deux mille sociétés innovantes en 2022, a montré clairement qu'avoir de l'impact et un rendement financier attractif vont de pair. Non seulement ils sont compatibles, mais ils attirent de plus en plus de capitaux, génèrent des rendements plus élevés et présentent un risque plus faible à long terme.

Ainsi, la mesure d'impact devrait aujourd'hui être mise au même niveau que la mesure financière. D'autres études récentes ont démontré la bascule qui était en train de s'accélérer dans le monde de l'investissement. Alors, comment faire le tri pour bâtir une stratégie d'investissement robuste, financièrement pérenne et performante pour investir sur les courants porteurs de demain ?

Définir les indicateurs de performance

Les investisseurs qui souhaitent intégrer un élément de contribution dans leurs investissements et réfléchir à comment la mesurer doivent initier une démarche qui permet à la fois de mesurer l'impact de l'investissement, mais également de l'investisseur. L'idée étant de structurer un score suffisamment authentique pour valoir la peine d'être amélioré. Et c'est loin d'être évident ! L'une des bonnes pratiques consiste ici à utiliser dans sa démarche les meilleurs cadres et conventions appliquées à chaque typologie d'investissement.

Un nombre important de rapports ont défini et structuré la démarche de l'investissement à impact autour de trois piliers contributifs[30] : l'intentionnalité, l'additionnalité et la mesurabilité.

L'intentionnalité fait référence à la volonté de l'investisseur de créer un impact social et/ou environnemental positif, ainsi qu'à l'objectif de l'entreprise financée de contribuer de manière distinctive à l'atteinte d'un ou plusieurs objectifs de développement durable. Définir l'intention peut se révéler plus ou moins complexe en fonction du nombre de personnes impliquées au sein de la famille. Une bonne pratique réside dans l'idée de bâtir une thèse familiale en impliquant un maximum d'actionnaires familiaux, puis de constituer une équipe resserrée qui prend le rôle du comité d'investissement et dont le rôle sera de déployer la stratégie de la famille. Digitaliser cette première étape apporte de nombreux avantages comme de comprendre et saisir la sensibilité de différents membres de la famille permettant de trouver les points communs de la valeur, et de personnaliser au maximum la thèse familiale. Par ailleurs, bien que l'investissement à impact présente des similitudes entre différents types d'investissements, il est essentiel de prendre en compte l'impact spécifique qui peut être atteint avec chacun d'eux. L'intentionnalité de l'investisseur est de fait la pierre angulaire pour atteindre les objectifs d'investissements de la famille, il est donc crucial d'être le plus spécifique possible sur les intentions d'impacts, de secteurs d'activité, de géographiques spécifiques, de maturité, de typologies de classes d'actifs pour bâtir la meilleure stratégie commune pour la famille. Les conseillers financiers qui sont aujourd'hui réglementairement obligés de recueillir ces informations les ajouteront aux autres informations essentielles à ce stade de la réflexion : les objectifs financiers et le niveau de risque qu'ils sont prêts à prendre.

L'additionnalité signifie que les acteurs financiers apportent un soutien supplémentaire permettant aux bénéficiaires des investissements d'accroître l'impact de leurs activités.

Enfin, la mesurabilité doit permettre de mesurer l'impact réel observé en fonction de critères qui auront été fixés dans l'intentionnalité.

Grâce à l'ensemble de cette démarche, le family office 2.0 pourra structurer un plan d'actions pertinent, intégrant ce que la famille souhaite relever comme défis grâce à ses investissements. Il pourra analyser dans quelles mesures les cibles dans lesquelles elle souhaite investir pourront répondre à cette problématique et quels sont les risques que son impact ne soit pas réalisé à terme. Grâce à ce set d'indicateurs, le rôle du family office 2.0 est de structurer une double matérialité dans leurs reportings, permettant à leurs investisseurs de démontrer à la fois la performance de l'investissement, ainsi que l'impact de l'investisseur sur son niveau d'engagement et de contribution. L'un des facteurs clés de cette démarche réside dans la capacité à s'appuyer sur les meilleurs cadres et conventions internationales existants, afin de fournir des données fiables et authentiques. Ces données sont soit d'initiatives privées, soit publiques, et doivent inclure des indicateurs spécifiques de mesures d'impact, un historique de collecte de données, une certaine homogénéité ainsi que leur comparabilité. Elles doivent être applicables au domaine de l'investissement par contraste avec les données RSE qui ont tendance à être parfois plus générales. Enfin, elles doivent ensuite être exploitables pour l'investisseur.

Un *framework* (un cadre conceptuel) qui est très intéressant pour les investissements est la base IRIS[31] : *Impact Reporting and Investment Standards*. IRIS + se présente comme un système reconnu par les investisseurs à impact pour mesurer, gérer et optimiser leur impact. Les indicateurs IRIS permettent d'améliorer la clarté et la comparabilité des données, offrent des conseils pratiques, existent pour chacun des secteurs d'activité des 17 objectifs de développement durable et suivent l'impact principal de l'entreprise. Il existe plusieurs centaines d'indicateurs qui quantifient l'impact social et environnemental. Ce *framework* a été créé par le GIIN[4].

4. *Global Impact Investing Network.*

L'IMPACT MANAGEMENT PROJECT

L'impact management project est un référentiel qui qualifie les investissements en cinq catégories principales afin d'identifier l'impact de ces actifs sur les personnes et la planète :

- D. Cause ou peut causer des **D**ommages ou préjudices.
- N. **N**eutre.
- A. **A**git pour éviter des préjudices, c'est-à-dire que l'entreprise prévient ou réduit les effets significatifs sur les résultats négatifs importants pour les personnes et la planète.
- B. **B**énéficie aux parties prenantes, c'est-à-dire que l'entreprise n'agit pas seulement pour éviter les dommages, mais génère également divers effets sur les résultats positifs pour les personnes et la planète.
- C. **C**ontribue aux solutions, c'est-à-dire que l'entreprise n'agit pas seulement pour éviter les dommages, mais génère également un ou plusieurs effet(s) significatif(s) sur les résultats positifs pour les personnes et la planète.

Une des dimensions principales dans l'investissement à impact est l'intention de l'investisseur. Pour mesurer l'impact, l'IMP a créé six niveaux d'engagement de l'investisseur qui couvrent les éléments suivants : signaler que l'impact est important, s'impliquer activement dans l'investissement choisi, comme par exemple prendre une place au board de l'entreprise, développer des marchés insuffisamment capitalisés, possiblement offrir une flexibilité sur le couple risque rendement.

L'échelle de contribution de l'investisseur

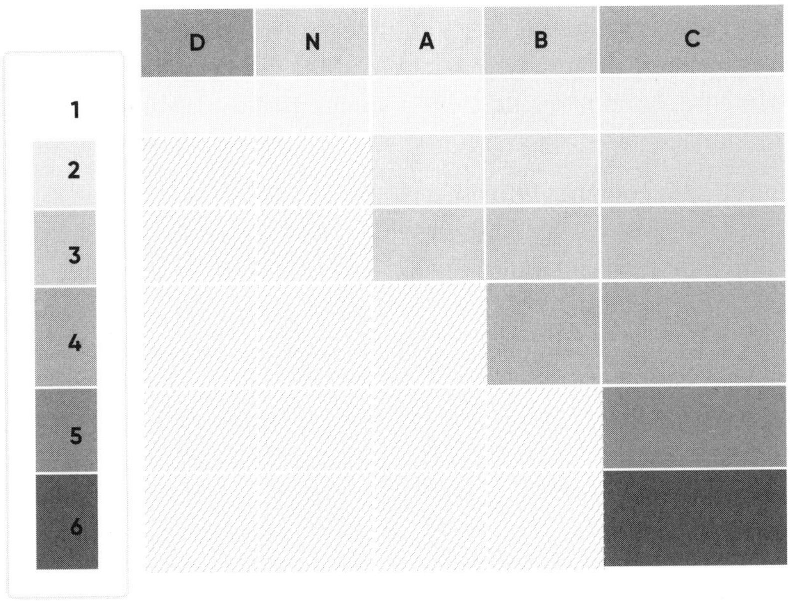

Source : Impact Management Project, 2025.

Quelle que soit la répartition des actifs, la création d'une théorie du changement est l'une des étapes majeures pour définir une stratégie d'investissement à impact. Que vous choisissiez de dédier une partie ou tout votre patrimoine à l'investissement d'impact, il est essentiel de définir le ou les problèmes auxquels vous souhaitez contribuer et comment cela va se réaliser. La théorie du changement consiste à cartographier les étapes nécessaires pour accomplir un impact souhaité. Pour commencer, un problème précis est défini. Il peut s'agir d'un problème local ou global, grave ou moins grave, mais c'est une situation ou une difficulté pour laquelle un changement est souhaité. Prenons un exemple de problématique : « Beaucoup de logements sont énergivores. Ils sont à la fois coûteux pour leurs habitants et émettent une quantité élevée de gaz à effet de serre ». Ensuite, nous regardons les inputs ou « entrées » qui vont pouvoir avoir un effet sur ce problème. Par exemple, investir dans une entreprise qui fait de la rénovation immobilière en améliorant la performance énergétique des bâtiments. Les inputs seront alors financiers (investissement dans l'entreprise) et humains (travail fourni par les salariés de cette entreprise de rénovation). Ces inputs vont mener à des produits tangibles. Dans ce cas, les rénovations permettront d'obtenir des foyers mieux isolés et moins d'énergie consommée par surface.

Vous l'avez compris, l'investissement à impact n'est pas une classe d'actif, ce n'est qu'une philosophie d'investissement qui fait le pari qu'investir sur les grandes tendances qui feront notre monde d'ici 2050, c'est prendre des risques traditionnels d'investissement, pariant sur l'avenir. C'est tout. Et comme cela a toujours été. Sauf que l'avenir, celui que projettent nos générations actuelles, se construit sur les bases d'une économie utilisant des ressources finies et non infinies, capable de générer des externalités positives sur les plans social et environnemental, tout en mesurant ses externalités négatives. Le tout s'inscrit dans une recherche d'équilibre permettant à l'humanité de poursuivre son histoire. L'enjeu réside donc dans la capacité des investisseurs à bien identifier les grandes tendances, à comprendre les nouveaux modèles économiques qui se dessinent, et identifier ceux qui développent des performances économiques robustes avec un impact positif tangible et mesurable.

La difficulté actuelle pour l'investisseur réside dans la capacité de comprendre les secteurs en évolution et de les identifier, puis de sourcer et qualifier ces investissements qui correspondent à la philosophie et aux objectifs de la famille, et enfin, les suivre dans le temps. Cette démarche s'inscrit généralement dans la structuration d'un family office, qui peut être externalisé ou partiellement internalisé, selon la taille du patrimoine de la famille, l'appétence de la famille et sa capacité à le gérer. Il va traditionnellement piloter l'ensemble des problématiques civiles, fiscales et patrimoniales de la famille et peut intégrer, en fonction de son organisation, les enjeux d'éducation et de formation, de gouvernance et parfois de conciergerie. Plus que jamais, le family office doit lui-même se transformer et évoluer vers des modèles hybrides afin de s'assurer de sa capacité à relever les grands défis de ces familles. Il doit notamment développer de nouvelles compétences pour être en capacité de challenger les cibles d'investissement, notamment sur les indicateurs utilisés pour mesurer leur impact et la contribution de l'investisseur.

L'outil
Le family office 2.0

Pourquoi ?

D'après l'association française des family office, ceux-ci ont deux missions distinctes : préserver l'harmonie de la famille et protéger le patrimoine. Le family office 2.0 renforce ces missions par deux angles. Le premier consiste à garantir l'interdépendance du patrimoine et sa capacité à développer l'orientation entrepreneuriale de la famille. C'est le concept de *Wealth as a service* que nous avons évoqué précédemment. Le second propose de mesurer ce qui compte vraiment pour la famille en alignant sa stratégie d'investissement avec sa vision familiale basée sur les quatre capitaux. Cela permet de passer d'un modèle structuré pour protéger vers un modèle de contribution pour engager. Face aux défis mondiaux, l'investissement à impact s'est imposé, aux cours de la dernière décennie, comme une force puissante de contribution avec un impact à grande échelle qui va bien au-delà de la philanthropie. Les family office sont des organisations assez récentes, historiquement en charge de gérer la fortune des familles. Cependant, depuis une décennie, elles doivent faire face à une profonde mutation stratégique forte, afin d'assurer l'exécution de leurs missions auprès de familles toujours plus complexes et exigeantes.

Pérenniser le patrimoine familial

Le premier enjeu est celui de garantir la pérennité des actifs de la famille dans un monde en pleine mutation où le phénomène de crise est devenu une constante quasi annuelle. Ce n'est plus une exception temporelle permettant de réguler un marché. Les family offices ont donc la responsabilité de structurer, pour le compte de leur famille, la résilience de leurs portefeuilles en intégrant une diversification accrue, tenant compte du risque systémique et des enjeux sociétaux. Ces derniers, de plus en plus pris en compte par la réglementation, restent encore mal maîtrisés par l'industrie financière. Enfin, ils devront s'adapter et monter en compétence pour appréhender les nouvelles classes d'actifs comme la cryptomonnaie, la tokenisation de l'économie et les grandes tendances technologiques comme la biotechnologie, l'intelligence artificielle, la recherche spatiale et la *climate tech*.

Structurer et coordonner la gouvernance familiale

Le second enjeu pour les family office réside dans leur capacité à comprendre et appréhender comment intégrer dans leur accompagnement les enjeux de gouvernance familiale et de transmission transgénérationnelle. Comment préparer les nouvelles générations ? Comment former les héritiers aux enjeux civils, fiscaux et patrimoniaux en les alignant avec les valeurs et la vision de la famille afin de contribuer aux enjeux sociétaux et d'innovation ? Comment accompagner la famille, comment l'aider à projeter le projet avec la prochaine génération à bord tout en valorisant son capital réputationnel, humain, sociétal et financier ? Enfin, comment prouver que le patrimoine garanti bien plus qu'une protection à la famille mais qu'il structure un niveau de robustesse permettant de se positionner comme une *force for good* au service des actionnaires familiaux et de leurs écosystèmes et l'aider à basculer d'un modèle de protection vers un modèle de contribution ? Plus que jamais, professionnaliser la famille comme on a professionnalisé l'entreprise sera la clé de voûte de la pérennité de ce modèle.

Piloter avec la technologie adéquate

Le troisième enjeu de taille pour les family office, qu'ils soient *single* ou multi, sera d'intégrer la technologie au service de ces familles. Comment exploiter l'intelligence artificielle au profit de ces familles, mais également les enjeux de la *blockchain* qui va révolutionner la notion de propriété et d'échange des biens et services dans les années à venir ? En même temps, le family office va être confronté de manière stratégique aux enjeux de cyberattaque et de sécurité accrue du patrimoine. Il doit en faire une priorité absolue, le tout dans un contexte réglementaire toujours plus complexe à appréhender.

Intégrer les grandes tendances de l'investissement

Le quatrième enjeu des family office est résolument celui de l'impact social et environnemental. Ils vont devoir monter très fortement en compétences afin d'offrir à leurs familles la structuration pour saisir les opportunités des marchés, qui financent aujourd'hui les grandes tendances de 2050 et qui ne peuvent plus être évitées. Comprendre ces tendances et se positionner au bon moment devient stratégique. Par ailleurs, ils devront progresser dans leurs capacités de reporting et de consolidation des indicateurs extra-financiers et s'assurer de l'adéquation des portefeuilles avec la vision de la famille.

Gagner en agilité face aux crises répétées.

Le cinquième enjeu des family office réside dans l'appréhension de la complexité géopolitique internationale et de ses répercussions économiques. Comment prendre les meilleures décisions dans une actualité dont la seule certitude est son instabilité chronique ? Naviguer dans un monde où la réglementation évolue à grande vitesse dans des environnements toujours plus complexes, notamment lorsqu'il s'agit de fiscalité, de détention d'actifs dans différents pays et qui vont nécessiter des arbitrages plus réguliers sur l'allocation et la réallocation de ces actifs. Comment créer de l'agilité pour faire face aux crises politiques, économiques, environnementales et sociales que nous traversons ?

Travailler sur la philosophie

Le sixième enjeu concerne la capacité de ces family office à accompagner leurs familles à bâtir leur philosophie de contributeur pour être de véritables agents du changement sur leurs territoires. Cela passera par de l'innovation en termes de structuration de détentions et de transmission des actifs. Sur la capacité à sourcer des projets différents, à bâtir un leadership familial inspirant. Les modèles de fondations actionnaires par exemple, qui se développent dans le monde entier, structurent des approches différentes de détention du patrimoine et de leurs entreprises, d'intégration de l'ensemble des parties prenantes, avec une approche de la richesse et de la transmission différente des générations passées. Comment projeter sa famille dans cent ans avec autant d'instabilité ?
Récemment, une famille a décidé de créer un fonds familial d'investissement, spécialisé sur les enjeux d'économies circulaire, d'énergie propre et d'agriculture durable. Le fond a été structuré avec l'aide de son family office et de ses conseils avec trois actionnaires : le premier est la *holding* familiale, le second l'entreprise familiale et le dernier la fondation familiale. La fondation familiale, avec une part, obtient 10 % des dividendes dans le schéma structuré afin d'alimenter la fondation avec des revenus alternatifs, une fois le fonds d'investissement

performant. Les objectifs de la *holding* familiale dans la création de ce fonds étaient multiples : diversification des actifs, investissements en *private equity* via une thèse alignée avec les quatre capitaux de la famille, stratégie d'investissement avec place au *board* pour la *nextgen* afin de préparer la future génération d'administrateur et d'entrepreneurs. Les objectifs de l'entreprise étaient complémentaires. En effet, l'entreprise souhaite faire de la veille d'innovation par de la prise de participations minoritaires dans des sociétés innovantes européennes dans le secteur de l'agriculture durable. Comme elle ne dispose pas en interne des équipes M & A pour une telle démarche, elle vient déléguer cette compétence dans le cercle des actionnaires et se positionne comme *lead* pour réintégrer sous son giron un investissement qui aurait un potentiel d'intégration dans son business model. Trois actionnaires, trois enjeux différents, un alignement à le faire ensemble, une approche transgénérationnelle, basée sur l'investissement, avec des objectifs financiers spécifiques, une contribution aux quatre capitaux intégrés, et la contribution distinctive de différentes générations organisées en comité d'investissement et administrateurs contributifs. Le family office, dans ce schéma source, qualifie et structure les investissements pour le compte de la famille. Cette dernière décide et intègre le cas échéant les conseils d'administrations de ces structures. Le schéma crée de nouvelles compétences, de nouveaux revenus à terme.

Développer les compétences adéquates

Le septième et dernier enjeu pour ces family office sera celui du choix des compétences : celles qu'ils doivent impérativement internaliser, celles qu'ils choisissent d'internaliser et celles qu'ils préférèrent externaliser et *outsourcer* pour répondre aux six autres enjeux soulevés précédemment. Pourtant, quand bien même ils y arriveraient à la perfection, ce ne sera pas suffisant pour atteindre les ambitions contributives des familles qu'ils accompagnent. Si une famille a réellement le souhait de basculer vers un modèle contributif, pour être régénérative, elle devra s'inscrire dans un modèle systémique. C'est-à-dire avec l'écosystème qui l'entoure, y compris ses concurrents.

L'AVENIR RÉGÉNÉRATIF SERA COOPÉTITIF

Pour basculer vers un modèle régénératif, les familles devront accepter qu'elles n'y arriveront pas seules, mais qu'elles pourraient y parvenir si elles collaborent entre elles. Il en va donc de même pour leurs family offices et leurs différents conseils. Avoir un impact tangible et mesurable nécessite de le rendre systémique, et donc de le faire avec ce que nous appelons encore aujourd'hui ses concurrents. Passer d'un modèle compétitif vers un modèle de collaboration et de coopétition. La coopétition, c'est la capacité de partager avec ses concurrents les meilleures pratiques du marché, pour rendre ce dernier plus performant en termes d'impact et en termes économiques. Le family office 2.0 n'échappe pas à cette règle. Il devra choisir ce qu'il partage, ce qu'il internalise et ce qu'il externalise avec son écosystème, rendant ce dernier régénératif, plus fort et plus résilient. Cette apparente vulnérabilité impose un travail en profondeur au niveau de ces familles pour qu'elles structurent un patrimoine interdépendant de l'entreprise familiale, qu'elles embrassent la culture *Wealth as a service* et qu'elles mesurent leur contribution distinctive aux quatre capitaux de leur vision familiale.

Atteindre cet équilibre n'est pas simple, l'ensemble de ces enjeux est compliqué, la famille, elle, est complexe, et la capacité à comprendre sa part d'ombre pour l'engager sur ce chemin est capitale pour aligner l'ensemble des intérêts de l'ensemble des parties prenantes. Le family office joue un rôle clé dans la gouvernance d'une famille entrepreneuriale car il fonctionne comme un comité de direction patrimonial, ou un *chief of staff* patrimonial. Fort de ses multiples compétences, internalisées et externalisées, il est surtout doté de *soft skills* lui permettant de naviguer dans la famille tout en coordonnant l'ensemble des problématiques afin que cette dernière puisse prendre les meilleures décisions.

L'ESSENTIEL

- Pour ne pas faire porter à l'entreprise familiale une triple responsabilité : protéger la famille, supporter la fiscalité de la transmission, et investir pour innover et rester en vie. Il est essentiel de rendre le patrimoine indépendant puis interdépendant de la performance de l'entreprise, en essayant de lui donner les capacités de protéger la famille *a minima* de manière indépendante, et potentiellement supporter la fiscalité de la transmission.
- Une fois l'indépendance atteinte, mettre le patrimoine dans une situation d'interdépendance apporte de la force à la famille pour soutenir et financer le développement de l'orientation entrepreneuriale de la famille, élément clé de sa réussite à travers les générations.
- Investir au-delà du duo rendement-risque ouvre la voie à la capacité de la famille à mesurer ses investissements aux regards de ses quatre capitaux. L'investissement à impact est une philosophie d'investissement qui permet de le faire.
- Le family office qui, traditionnellement, a pour mission de préserver l'harmonie de la famille et protéger le patrimoine, doit aller au-delà de ces missions pour structurer l'interdépendance de ce dernier, créant de fait les conditions de financement de l'orientation entrepreneuriale et contribuer aux quatre capitaux d'une famille entrepreneuriale.
- Enfin, dans une visée régénérative, c'est la capacité de travailler en écosystème et en coopétition qui permettra de relever les défis auxquels toutes ces familles font face.

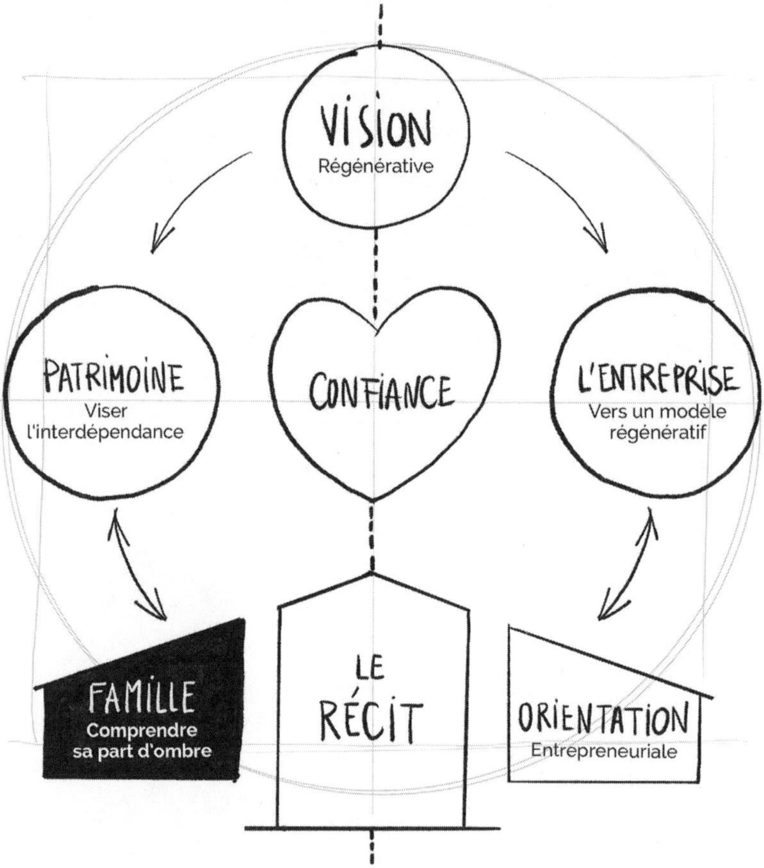

***Figure 13** – La part d'ombre de la famille*

CHAPITRE 7

Comprendre la part d'ombre de la famille

« Les challenges les plus complexes que doivent relever les familles entrepreneuriales ne sont pas ceux liés aux enjeux du business mais ceux liés à la dynamique émotionnelle qui y est systématiquement attachée. »
Kets de Vries

Executive summary

- Professionnaliser la famille est la partie la plus complexe à appréhender car chaque système familial a son histoire, son système de croyance et sa dynamique émotionnelle propre.
- Comprendre cette dynamique est la clé pour faire évoluer le système, car il ne suffit pas d'avoir une association familiale ou un conseil de famille pour que la famille fonctionne.
- Les facteurs émotionnels liés au récit familial et aux enjeux générationnels sont multiples et ont un impact sur la capacité d'attirer la *nextgen* dans le projet.
- Le génogramme est un outil stratégique pour comprendre cette dynamique, notamment si on sait y intégrer l'entreprise familiale comme un membre à part entière de la famille.

LE THÉÂTRE FAMILIAL

Une famille est un système émotionnel, où chaque membre est en relation consciente et inconsciente avec tout ou une partie des membres du système, y compris lorsque cette relation est distante ou rompue. Ses croyances, ses valeurs, ses conflits ou son histoire sont les racines de ces relations complexes et peuvent expliquer comment le système fonctionne. Et ce système, même si à certains égards il peut paraître dysfonctionnel, fonctionne toujours à la perfection. Il est d'une certaine manière programmée pour reproduire continuellement ce pour quoi il est fait.

Dans le cadre d'une famille entrepreneuriale, la psychodynamique familiale s'invite, si l'on peut dire, de manière inappropriée dans le cercle de l'entreprise, parfois de façon anodine, et parfois de manière plus conflictuelle, renforçant les conflits familiaux et les difficultés du système. Le système héberge la dynamique émotionnelle de la famille. On y trouve des conflits, des rivalités, des jalousies, des enjeux de place des enfants, des sujets de loyauté, de peur de l'échec, de devoir envers la famille, de soumission, de désir, de reconnaissance et d'amour. Les liens sont continuellement éprouvés dans un contexte, qui n'est pas seulement celui de la famille, mais celui de la famille entrepreneuriale dans le cercle des actionnaires et celui de l'entreprise. Ces aspects constituent la part d'ombre de la famille. Ils se répètent de manière inappropriée lorsqu'ils surviennent au sein de l'entreprise complexifiant les enjeux de gouvernance notamment dans les phases de transmission de celle-ci.

La professionnalisation de la famille dans ce contexte est déterminante. L'enjeu sera de pouvoir comprendre comment le système fonctionne pour structurer une gouvernance familiale adaptée lui permettant de structurer comment la famille se connecte aux enjeux de l'entreprise avec une vision inspirante, des règles et des rôles clairs, intégrant notamment des systèmes de résolutions de conflits équitables et partagés par tous. L'enjeu est déterminant : comment assurer la pérennité de l'entreprise et de son patrimoine tout en préservant les relations familiales ? L'idée n'est pas de modifier le système, si tenté que cela soit possible, parce qu'il est très puissant et nécessite, si tel était la volonté de certains membres de la famille, l'accompagnement de professionnels le cas échéant. L'objectif est plutôt de le comprendre. Comprendre ce qui dysfonctionne, comprendre ce qui se répète, comprendre ce qui peut nuire à la famille et à l'entreprise : c'est bien le sujet auquel nous sommes confrontés.

Identifier les rôles principaux

Une première observation consiste à observer qui prend le leadership de la démarche. En tant qu'expert en gouvernance familial, j'attache une importance toute particulière à observer comment le système familial prend contact avec moi. Qui prend contact, pour quelles raisons affichées et de quelle manière ? C'est un point important : comment cette famille vous a trouvé ? Une fois les premiers contacts établis, je m'intéresse tout particulièrement à trouver trois personnages. Je les nomme personnages car chacun joue un rôle dans le théâtre familial qui n'a de cesse de rejouer la même pièce. Ces trois personnages principaux, si l'on peut dire, sont les suivants.

- Le/la dirigeant(e) familial(e), qui est souvent le CEO[1] de l'entreprise ou le président de la *holding* familiale. Celui-ci est généralement assez facile à identifier puisqu'il se trouve en haut de l'organigramme et c'est très souvent lui qui prend contact la plupart du temps en premier, notamment lorsque la famille n'est pas encore très professionnalisée et ne dispose pas, par exemple, d'un conseil de famille. Ce peut être bien entendu une femme ou un homme.
- Le/la second(e) CEO de la famille, le *Chief Emotional Officer,* est un personnage clé. Il n'a pas nécessairement de rôle dans l'entreprise ou dans sa gouvernance, même si cela peut être le cas, mais il dispose de plusieurs pouvoirs que les autres n'ont pas. Il est capable de naviguer facilement au sein de la famille, notamment entre les branches et les générations, et il dispose souvent d'informations que

1. *Chief Executive Officer.*

les autres membres n'ont pas : les secrets de famille. Ces secrets sont importants, parce que si l'on souhaitait faire un jeu de mots, nous pourrions dire que c'est ici que la famille se crée (secret), c'est ici que se trouvent les racines du récit. Ce personnage a donc nécessairement des capacités de communication, d'empathie et d'écoute qui permettent de décrypter la dynamique de la famille.

- Le troisième personnage, s'il ou elle existe, est celui décrit avec beaucoup de préjugés comme quelqu'un de « compliqué » par le reste du système. C'est une personne qui porte probablement, et inconsciemment, quelque chose que le reste du système familial n'a pas souhaité porter et qui, parfois, peut trouver sa source dans des racines familiales très anciennes, voir transgénérationnelle[32].

Il est important de passer du temps avec ces différents personnages pour essayer de comprendre comment le système fonctionne, même si ce n'est pas toujours simple. Le CEO n'est pas toujours très disponible et la personne difficile n'est parfois tout simplement plus accessible car en rupture, en retrait du système, ou en refus de communiquer avec un conseil externe amené par le système avec lequel elle est en conflit. Ces trois rôles peuvent se transmettre dans le système et il n'est pas rare de les voir se répéter par branche ou en transgénérationnel. Puis, il faut identifier au sein de la *nextgen*, parfois assez tôt, comment les rôles se distribuent à nouveau. Il y a bien sûr d'autres personnages qui ont tout autant d'importance et que vous découvrirez dans chacune des familles.

Impliquer des professionnels

Il y a une multitude de professionnels à impliquer en fonction de la maturité, et de l'équilibre émotionnel du système avant de passer aux plans d'actions : experts en gouvernance familiale, différents types de coachs notamment spécialisés dans l'accompagnement des jeunes entre 15 et 25 ans, des thérapeutes idéalement spécialisés en systémie familiale, et si nécessaire la recommandation de psychologues. Il est important ici de préciser les frontières d'intervention des différents experts. La gouvernance familiale consiste en partie à comprendre comment le système fonctionne ou dysfonctionne afin de pouvoir agir sur la partie consciente de celui-ci, mais jamais sur sa partie inconsciente qui est réservée aux thérapeutes formés à cet effet. J'évoque ici les problématiques d'addictions (drogues, alcool, médicaments), de potentielles violences intra familiales auxquelles tout système familial peut être confronté (violences diverses, verbales, physiques, psychologiques, conjugales, inceste, etc.).

L'INDIVIDUATION DES MEMBRES DE LA *NEXT GEN*

La part d'ombre est un concept de psychologie analytique développé par Carl Gustav Jung (médecin et psychiatre suisse) et dont l'intégration dans une démarche de professionnalisation d'une famille entrepreneuriale est intéressante à observer.

En effet, comme dans tout système familial, les membres de la famille entrepreneuriale portent chacun une part d'ombre qui, à certains égards, comprend des facteurs de leur personnalité qu'ils rejettent potentiellement puisqu'en conflit avec l'image qu'ils souhaitent donner d'eux-mêmes. Et l'entreprise familiale peut en faire partie.

Une étude a permis de mettre en lumière trois challenges inconscients auxquels fait face la *next gen* et qui accélèrent leur choix de rejoindre le mouvement familial ou pas. Ces challenges sont les suivants.

- **Le devoir envers la famille.** Ce qui motive un membre de la famille à rejoindre l'entreprise familiale est le devoir qu'il porte envers le plus souvent son père ou sa mère, souvent dirigeant de l'entreprise et qui attend l'arrivée de ses enfants pour laisser la place. Jean Thomas Schmidt, président de Heppner, entreprise familiale centenaire de 4e génération, réalisant près d'un milliard de chiffre d'affaires, l'exprime très bien dans une interview réalisée en 2023, dans l'émission *Génération Impact*[33] : « Moi je viens pour aider mon père, c'est un truc que mon père a mis longtemps à comprendre. Je ne viens pas pour moi ou mon ambition personnelle ». Ce fameux *truc* est le devoir envers la famille, dans ce cas présent envers son père.

- **Le désir de leadership.** C'est une émotion autoporteuse dans le cadre des familles entrepreneuriales notamment lorsqu'elle est associée à l'entreprise familiale. Le familial concerné est dans une dynamique d'alignement. Aucun doute ne l'habite, il va rejoindre l'entreprise familiale, il souhaite la diriger ou faire partie des actionnaires familiaux qui comptent. Ses questions personnelles sont d'ordre organisationnelles : quand et comment ? Ce sentiment peut être un accélérateur lorsque la famille entrepreneuriale, *now gen* et *nextgen,* est également alignée avec les ambitions de cette personne. Mais cela peut être un frein lorsque c'est le contraire, notamment lorsqu'il y a un écart entre la perception ou l'imaginaire de ce que cela représente pour la personne concernée et la réalité. En effet, lorsque le *gap* de compétence, d'expérience et de légitimité est trop important, le désir de leadership devient un frein. J'ai pu observer cette situation dans une entreprise viticole, où l'un des membres de la *next gen* était passionné de vignes et de développement durable. Il avait suivi un parcours académique robuste, et ayant ce désir de diriger le domaine familial avec ses cousins, il avait pris en charge la direction des vignes et de la production du vin, c'est-à-dire, l'entretien, le suivi jusqu'aux vendanges et la partie stratégique de la vinification. Très engagé, et fort de croyances fortes sur comment transformer les pratiques familiales pour les rendre plus durables, il prenait des décisions qui ont fait émerger une situation conflictuelle et de désalignement avec le reste de la famille travaillant dans l'entreprise jugeant, à tort ou à raison, qu'il augmentait les risques d'impact sur les rendements des vignes et sur la qualité du vin d'un domaine français d'exception ne pouvant se permettre d'être challengé sur cette dernière. Le désir de leadership, ainsi que l'orientation entrepreneuriale, sont deux actifs dans cet exemple très important, mais ils ne suffisent pas, et peuvent même être contre-productifs si les résultats ne sont pas alignés avec les responsabilités qui lui sont confiées.

- **Un facteur d'identité affective générationnel.** C'est un facteur identitaire qui permet d'analyser si un membre de la famille souhaite rejoindre l'entreprise familiale par devoir ou par désir. Il permet d'observer la manière dont une famille traite les enjeux sociétaux et notamment environnementaux, et si cela peut ralentir ou empêcher des membres talentueux de la prochaine génération de rejoindre l'entreprise familiale.

Il est également intéressant d'essayer de comprendre comment cette dynamique émotionnelle peut affecter la capacité d'un membre de la famille à rejoindre le projet familial, mais également ses appétences et ses compétences à relever le défi vital du développement de l'orientation entrepreneuriale de la famille. En effet, comme nous l'avons vu précédemment, elle est l'élément déterminant la capacité de l'entreprise à traverser les générations.

Comme nous l'avons décrit dans le territoire d'action sur l'orientation entrepreneuriale (*cf.* chapitre 5), ce sont les activités entrepreneuriales que la famille professionnalise qui permettent de l'aiguiser et de donner plus de chance à cette dernière de la développer.

- **L'orientation entrepreneuriale** (OE) fait référence à l'état d'esprit, aux valeurs et aux stratégies qu'une entreprise ou un individu adopte pour innover, prendre des risques et saisir des opportunités. C'est un ensemble de comportements et d'attitudes qui favorisent l'entrepreneuriat. Elle peut avoir lieu au sein de l'entreprise ou à l'extérieur de celle-ci.

- **Les activités entrepreneuriales** (AE) désignent les actions concrètes mises en place au sein de l'entreprise ou de la famille pour créer, gérer et développer l'entreprise ou de nouvelles entreprises. Elles concernent le processus de création et de croissance.

Mais l'enjeu ici est de comprendre que les facteurs émotionnels peuvent s'immiscer entre les deux, et qu'il convient donc de les prendre en compte. Il ne suffit pas de développer des activités entrepreneuriales pour soutenir l'orientation entrepreneuriale de la famille.

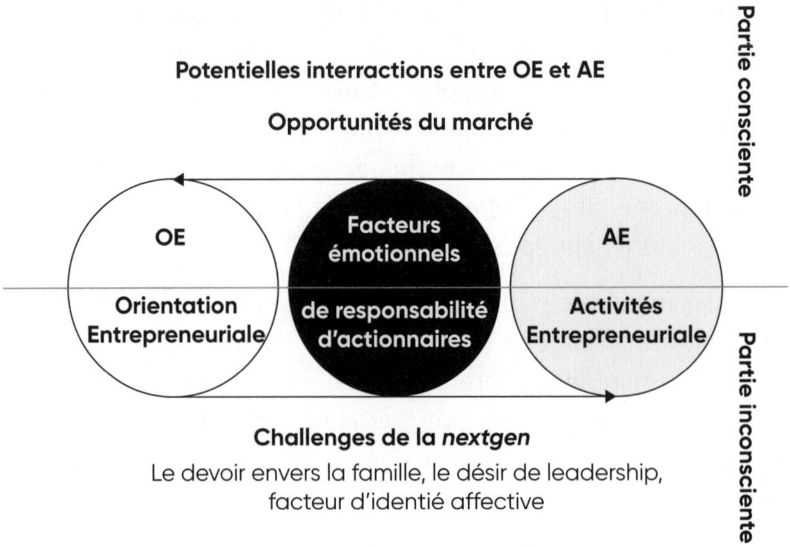

Reconnaître et accepter sa part d'ombre individuelle et la part d'ombre collective de la famille est une des pièces maîtresses dans le projet de la professionnalisation de sa gouvernance. Un travail en profondeur permet de laisser à la génération précédente, une partie de ses angoisses, de ses conflits, et un bout de son récit, pour permettre à la génération qui arrive de se libérer de certains schémas dysfonctionnels qui se répètent et peuvent impacter plus ou moins négativement la dynamique au sein de la famille et en cascade la performance de l'entreprise.

LES THÉMATIQUES RÉCURRENTES DE LA DYNAMIQUE ÉMOTIONNELLE AU SEIN D'UN SYSTÈME FAMILIAL

Cette partie n'a pas la prétention de fournir l'ensemble des cas que vous pourriez rencontrer, mais simplement de mettre en lumière quatre thématiques que je retrouve presque systématiquement dans toutes les familles que je rencontre.

L'ambivalence entre la *now* et la *next generation*

L'ambivalence est un état psychologique où deux énergies contraires et contradictoires coexistent à un instant donné[34]. L'exemple courant est celui d'un dirigeant familial ayant décidé de partir et ayant structuré avec son successeur familial tout un plan de succession robuste et qui trouve toutes les raisons de décaler ce départ. Il peut prétexter, par exemple, d'attendre que la situation de l'entreprise soit la plus saine possible avant de partir ou estimer que le futur dirigeant n'est pas encore prêt pour justifier de rester le temps qu'il le soit. L'ambivalence s'exerce dans une résistance consistant à estimer que la situation de l'entreprise n'est jamais assez saine ou que le futur dirigeant n'est jamais assez prêt. Dans les deux cas, le dirigeant sur le départ a tendance à décaler, amenant de la frustration et de potentiels conflits entre lui, son successeur et possiblement le reste de la famille.

Il est donc important de comprendre que, ce qui est en jeu pour le dirigeant, est potentiellement émotionnellement vécu comme le sentiment de quitter, couper, ou rompre avec son enfant préféré, l'entreprise. Ce qui, par conséquent, peut émotionnellement être très difficile à vivre voire quasiment impossible.

Un travail d'accompagnement est nécessaire pour comprendre comment un dirigeant familial peut rester en lien avec l'entreprise sans pour autant devenir un facteur limitant pour celle-ci et laisser la place à la génération suivante. Ce travail d'accompagnement permet au dirigeant qui a du mal à quitter l'entreprise de rester d'une certaine manière actif et au contact, tout en laissant sa place et en quittant ses responsabilités de dirigeant. Cela peut prendre plusieurs formes, notamment dans l'organisation des différents organes de gouvernance : un siège ou la présidence non exécutive du conseil de surveillance ou du conseil d'administration, un rôle dans le conseil de famille, la fondation, le family office, ou tout autre comité qui permettent à cette transition de se réaliser en douceur.

Équité ou égalité

C'est une thématique qui est abordée très souvent au niveau de la troisième génération au sujet de la détention des parts de l'entreprise. En effet, la notion d'« égalité » devient plus complexe dans la transmission de ces parts d'un point de vue purement technique puisqu'il est rare que chaque branche ait exactement le même nombre d'héritiers. Les héritiers de la troisième génération n'auront pas le même pourcentage de détention. La seconde génération est donc quasiment le seul moment où cela est encore possible. Il n'est pas rare après trois ou quatre générations de voir un dirigeant familial être l'un des plus petits actionnaires s'il vient de la branche ayant eu le plus de descendants.

La différence entre les deux concepts est fondamentale puisque dans le contexte de la famille entrepreneuriale, professionnaliser la famille implique de revoir régulièrement comment elle s'organise pour prendre les décisions importantes, transmettre les richesses aux enfants, répartir les rôles et les responsabilités entre eux. Le risque de confusion entre les trois cercles est ici important. L'égalité implique l'idée que chacun reçoive la même chose, c'est-à-dire une répartition égale et un traitement identique de chaque membre de la famille. C'est une notion que l'on retrouve souvent dans le cercle actionnaire en ce qui concerne la répartition des parts qui sont transmises de manière égalitaire au sein d'une branche, entre les enfants, quand bien même ils ne participent pas tous au développement de l'entreprise comme membre exécutif. L'équité, en revanche, permet de répartir les biens comme les responsabilités de manière différente, en prenant en compte les particularités et la situation de chacun. Par exemple, l'équité consiste à donner des responsabilités exécutives à des familiaux qui en ont l'envie, les compétences, la formation ou l'expérience. Les familles les plus avancées développent des modèles dans lesquels le niveau de détention des parts sociales et les pouvoirs qui y sont attachés dépendent de critères visant à pérenniser la gouvernance de l'entreprise.

Mais l'équité nécessite de la finesse et de l'équilibre, car c'est finalement la partie invisible du problème qui est souvent en jeu : l'amour et la reconnaissance de la famille. Ce concept est plus difficile à structurer mais permet d'éviter des conflits ultérieurs, notamment avec les héritiers passifs qui peuvent, par des concours de circonstances, être les actionnaires les plus importants de la famille avec parfois des pouvoirs de blocages considérables.

Sur-protéger développe des héritiers passifs

Comme nous l'avons vu dans la partie sur la confiance (*cf.* chapitre 2), les héritiers passifs peuvent détruire de la confiance notamment lorsque le *statu quo* financier n'est plus garanti par l'entreprise ou les actionnaires familiaux.

Le cas le plus courant est une situation où des dividendes relativement confortables sont partagés chaque année aux actionnaires familiaux. La notion de confortable peut bien entendu différer d'une famille à l'autre. On considère ici des dividendes qui représentent une part significative comme étant des revenus annuels des actionnaires familiaux, et qui dans certains cas sont largement supérieurs à ce que pourrait produire comme richesse un travail de cadre supérieur. Lorsque ces dividendes sont à la fois récurrents depuis un nombre d'années successives relativement important, ils développent une situation de *statu quo* qui, s'ils ne sont pas remis en question, et peuvent, à certains égards, mettre en difficultés la pérennité de l'entreprise en cas de besoin d'investissement plus important ou de situation de crise à traverser. Il en va de même pour les autres sources de revenus qui sont versées aux actionnaires chaque année et qui peuvent venir du patrimoine. Lorsqu'elles représentent une part plus que significative des revenus de chaque actionnaire, et que certains de ces actionnaires les reçoivent sans participer soit de manière opérationnelle ou comme actionnaire engagé à leur création, une forme de dépendance peut se créer et s'ajouter à ce flux financier qui génère cette position d'héritier passif. C'est lorsque le flux financier s'arrête, notamment lorsque l'entreprise passe par une phase difficile, que peut se créer de nouvelle source de conflits au sein de la famille entrepreneuriale. C'est cette notion de surprotection qui est en jeu dans cette dynamique. Comment protéger, sans rendre dépendant ? Comment impliquer sans contraindre la liberté ? Comment être équitable sans créer de conflits au sein de la famille ?

L'équilibre n'est pas simple à trouver, et la professionnalisation de la famille passe nécessairement par une communication accrue et importante sur les enjeux de robustesse de l'entreprise et du patrimoine.

Comme nous l'avons vu dans le territoire du patrimoine (*cf.* chapitre 6), la capacité de la famille à structurer des revenus privés depuis une *holding* patrimoniale, et les distribuer de manière asynchrone à la distribution des dividendes de l'entreprise, permet de structurer les conditions permettant de protéger la famille sans pour autant la surprotéger. Néanmoins, même si les enjeux civils, fiscaux et patrimoniaux trouvent pratiquement toujours une issue technique permettant de créer les mécanismes qui conviennent aux choix de la famille, les enjeux les plus difficiles restent résolument émotionnels.

Matriarcal ou patriarcal ?

D'après une étude de KPMG[35] de 2020, 70 % des entreprises familiales envisageraient la possibilité de confier les rênes de l'entreprise à des femmes. Par ailleurs, la moitié de ces entreprises interrogées déclarent avoir au moins une femme dans leurs conseils d'administration. Ces chiffres sont en lien avec la structuration patriarcale de nos sociétés occidentales des siècles derniers ainsi qu'à l'évolution de la place des femmes, notamment dans les entreprises et en particulier au sein des entreprises familiales. Néanmoins, et malgré ces tendances, la dynamique émotionnelle dans les familles détenant des entreprises familiales dépend également de son récit et de de l'inconscient collectif de son système. Certaines familles sont encore très patriarcales. Il n'est pas rare que des femmes performantes ne réussissent pas à prendre la place qui devrait être la leur, et que par ailleurs, elles désirent. Soit elles sont contraintes, soit elles ne se sentent pas légitimes, consciemment ou inconsciemment, et laissent des hommes moins performants prendre le leadership de la famille à leur place.

Le leadership est traditionnellement confié à des hommes dans ces familles patriarcales. Pourtant, les femmes amènent de nouvelles perspectives et compétences souvent sous-exploitées dans l'entreprise. On les retrouve très souvent dans des domaines comme le marketing, la communication, les ressources humaines et plus récemment sur les fonctions liées à la RSE. De nombreux articles montrent comment les femmes prennent de plus en plus de rôles de leadership dans les entreprises familiales, apportant diversité et modernité, et nourrissant le capital humain et réputationnel de ces organisations. D'un point de vue émotionnel, il peut être intéressant via le génogramme de comprendre si le système est de manière répétitive patriarcal et si oui comment il s'organise pour le rester. Certains systèmes peuvent intégrer en toute équité les femmes dans l'entreprise familiale sans nécessairement réussir à leur laisser réellement la place qu'elles méritent. Elles ne réussissent pas par manque de compétences, mais parce que le système s'organise inconsciemment pour qu'elles n'y arrivent pas. Et c'est systématiquement un homme qui se retrouve à la direction de l'entreprise. Certaines familles valorisent ou intègrent dans leur récit familial l'impact de femmes fortes pour cacher un système patriarcal pourtant très présent.

D'un autre côté, certaines femmes n'osent pas prendre leur place dans un système patriarcal puissant bien qu'elles soient les plus compétentes de la famille, laissant des hommes moins compétents prendre potentiellement de mauvaises décisions pour l'entreprise ou avec une vision moins stratégique, favorisant l'effet de DIG[2].

Certaines organisations sont cependant matriarcales avec le phénomène de « reine mère » toute puissante. L'enjeu pour les familles n'est pas nécessairement d'aller contre l'histoire, mais de la comprendre, de l'exprimer pour ajuster le récit aux enjeux de la famille et de l'entreprise familiale. En travaillant sur le capital humain de la famille, celle-ci peut mettre en place un pilotage équitable de ses forces vives pour développer l'*affectio familiae* et *societatis*, garantir la meilleure diversité des compétences, des genres, des points de vue au bénéfice de la réussite de l'entreprise familiale. C'est notamment important lorsque l'on prend conscience que, si le désir de leadership de la *nextgen* est incarné par une femme, elle est probablement la meilleure chose qui puisse arriver à l'entreprise familiale. Pourtant, un système patriarcal sera tenté de mettre en avant un homme de la famille, qui rêve peut-être d'ailleurs, mais qui, par pression familiale, se retrouve à diriger une entreprise par devoir. Quel gâchis !

Quelle place pour les conjoints ?

Même s'ils ne sont pas actionnaires dans l'immense majorité des cas, ils jouent un rôle clé pour la pérennité de l'entreprise familiale et la cohésion familiale. Qu'ils soient inclus ou pas, valeur ajoutée ou morceau choisi, les conjoints ont une place émotionnelle centrale dans la systémie des familles entrepreneuriales, et portent leur lot de

2. *Disruptive Innovation Gap.*

part d'ombre dans le système. Ils sont les parents de la future génération et à ce titre, leur influence sur l'*affectio familiae* et l'*affectio societatis* peut être considérable. Il n'est d'ailleurs pas rare d'entendre le verbatim suivant, « Il y a LA famille et l'autre famille » lors d'échanges avec des membres de la *nextgen*. Je me souviens de cette jeune fille de 23 ans, ayant ses deux parents issus de deux familles viticoles différentes me disant : « C'est beaucoup plus simple avec l'autre famille, celle de ma mère ». Ce qui est intéressant d'observer ici, c'est comment les membres de la famille entrepreneuriale posent la frontière inconsciente et émotionnelle de ce qu'ils appellent « LA famille ». C'est également le cas dans des familles entrepreneuriales où le nombre d'actionnaires familiaux peut être plus important. Dans certaines familles, ils peuvent être plusieurs centaines. Dans ce cas, les relations émotionnelles et même la notion de famille diffèrent fortement de celles vécues dans des familles d'une vingtaine de membres.

La famille des conjoints peut, dans des familles entrepreneuriales où la pression émotionnelle de l'entreprise est forte, jouer un rôle de refuge pour la *nextgen*. Elle peut aussi émotionnellement et inconsciemment se mettre en concurrence avec la famille entrepreneuriale. L'entreprise prenant beaucoup de place, apportant souvent sécurité, travail et patrimoine, l'autre famille, à travers ses conjoints, doit aussi trouver sa place dans la systémie familiale et faire contrepoint sur d'autres territoires comme celui de l'amour, où il y a moins de risques qu'il soit conditionnel à l'implication des familiaux dans le projet entrepreneurial de la famille. On comprend aisément que l'intégration des conjoints est une des étapes clés pour la pérennité de l'entreprise familiale puisque, si les conjoints ont eux-même un *affectio familiae* et *societatis* faible, il y a de grandes chances qu'ils le transmettent consciemment ou inconsciemment à leurs enfants, futurs actionnaires. Et ce sont les petites choses qui ont le plus de conséquences.

Par exemple, je me rappelle ce couple issu d'une grande famille entrepreneuriale où il était question d'acquérir une nouvelle résidence principale, très onéreuse. Le conjoint, spécialiste en négociation immobilière, dirige la négociation, permettant au couple de faire une belle affaire. Cependant, n'ayant pas les capacités financières de suivre son épouse dans l'acquisition de ce bien, une réflexion est menée avec leurs conseillers juridiques, notamment fiscalistes, qui ont alors recommandé que la maison soit acquise à 100 % par madame, et que monsieur obtienne une compensation pour la valeur ajoutée apportée dans l'acquisition de ce bien. En termes techniques, chaque situation étant différente, il peut y avoir autant de solutions que d'experts pour traiter correctement cette situation. Néanmoins, émotionnellement parlant, la solution proposée nécessitait d'expliquer à ce couple, marié depuis quinze ans, que monsieur allait habiter chez madame, et que ce projet, quand bien même il était partagé, créait une situation de déséquilibre émotionnel, qui en cascade avait le pouvoir d'affecter la dynamique du couple. Après réflexion, ce couple a décidé d'intégrer le conjoint au capital de cet achat contre l'avis de leurs experts juridiques. La meilleure solution fiscale n'est pas toujours la meilleure solution pour la famille et son équilibre.

Il y a bien entendu des multitudes de cas différents dans chaque famille, mon propos ici est de zoomer à nouveau sur la part d'ombre de la famille, et sur la dynamique émotionnelle du système. Les meilleurs experts, notaires, fiscalistes et family office en première ligne trouveront toujours les meilleurs moyens techniques pour structurer l'organisation civile et fiscale de celle-ci pour optimiser les structures et leurs transmissions dans un cadre juridique légal et robuste. Mais ils n'intègrent pas toujours la dynamique émotionnelle dans les schémas proposés. Or, c'est bien cette dynamique émotionnelle, le niveau de confiance généré dans la famille, entre les branches et les générations qui permettra de structurer une démarche itérative dans le temps permettant de développer ses activités professionnelles et patrimoniales tout en préservant l'harmonie familiale.

COMMENT PROFESSIONNALISER LA GOUVERNANCE FAMILIALE ?

Comme nous venons de le voir et comme le rappelle Kets de Vries[36], les challenges les plus importants de la famille ne sont pas ceux liés au business mais bien ceux liés à la dynamique émotionnelle que ces enjeux impliquent à la fois sur la réussite des entreprises, mais aussi sur le pilotage du patrimoine et du collectif familial. Sur le cercle familial, c'est traditionnellement le conseil de famille qui organise les différentes activités dont la famille a besoin pour se professionnaliser. Faut-il qu'il existe ! Et même lorsque c'est le cas, détient-il les compétences pour coordonner l'ensemble de ces challenges résolument émotionnels ?

La plupart des formations spécialisées en gouvernance familiale qui existent, et elles sont malheureusement trop peu nombreuses en France, intègrent une dimension émotionnelle mais souvent limitée et jamais suffisante pour donner les compétences nécessaires pour encadrer une telle démarche émotionnelle. Il est difficile de se passer d'accompagnement d'experts pour accompagner la dynamique familiale, mais comment les choisir ? Comment trouver ceux qui vont pouvoir correspondre à la famille ? Et quand bien même la famille les trouverait, comment engager ses membres sur ces territoires émotionnels souvent délicats voire dangereux car potentiellement source de conflits futurs ?

La part d'ombre de la famille alimente des conflits, des jalousies, des conversations parallèles, des ambitions justes et parfois inappropriées qui, en cascade, peuvent avoir des impacts significatifs sur la réussite des différents actifs de la famille entrepreneuriale. Il n'y a aucune recette miracle, et la démarche est résolument une démarche de temps long.

Voici quelques principes pour professionnaliser votre démarche.

- **Structurer un organe de famille.** Il devra être reconnu par ses membres pour piloter les enjeux des actionnaires familiaux.

Un conseil de famille sera toujours plus efficace que de ne rien avoir, même si sa mise en œuvre peut paraître difficile notamment parce que cela prend du temps en plus du reste et notamment lorsque ceux qui s'y impliquent ne sont pas impliqués dans les entreprises familiales. Il devra être équipé d'un budget pour avoir les moyens de ses ambitions. Assurez-vous que ces moyens sont pérennes et encadrés.

- **Ritualiser les rencontres et soyez réalistes**. Cette ritualisation vient ancrer les bonnes pratiques, car il se passe toujours dans le collectif des événements qui permettent de faire avancer la famille. C'est aussi, et surtout, le meilleur moyen de communiquer avec son cœur, notamment lorsque des sujets plus techniques mettent de la distance avec ceux qui se sentent moins compétents.
- **Structurer le mode d'élection des responsables**. Souvent fait à main levée ou dans la cuisine, le choix des dirigeants du conseil de famille, notamment lorsque le nombre de familiaux est limité, doit garantir une certaine équité dans la famille, en particulier lors de la distribution des rôles.
- **Avoir les bons conseils au bon endroit, au bon moment**. La problématique la plus importante vécue par les conseils, c'est qu'ils sont très souvent utilisés en silos, et ne se connaissent pas ou peu. Il est nécessaire de développer une coordination de ces experts pour en tirer la meilleure performance. Les enjeux émotionnels liés aux conflits d'intérêts entre les trois cercles (famille, actionnaires, entreprise) s'invitent en permanence et ce n'est pas le rôle du fiscaliste ou du notaire de les maîtriser et de les accompagner lorsqu'ils sont là, quand bien même ils les ressentent comme toutes les parties prenantes. Les experts font partie du système, il est important de bien les choisir, que le choix soit réciproque et que les transitions transgénérationnelles s'opèrent. Les experts ont parfois une meilleure connaissance de l'histoire que certains familiaux, cette histoire est précieuse. Ils sont aussi parfois en proximité déséquilibrée avec une génération et parfois une branche ou quelques dirigeants familiaux. Il est important de s'assurer qu'ils sont toujours les plus appropriés

pour accompagner la famille. Cette problématique se renforce lorsque plusieurs branches sont accompagnées par différents experts pour défendre leurs intérêts respectifs, renforçant une dynamique conflictuelle plutôt que consensuelle. Bien que nécessaire, la coordination et la communication entre experts sont les clés pour faire avancer la famille. Enfin, les experts ont leurs propres biais lorsqu'ils rentrent dans votre système. C'est normal et il faut les accepter. Lorsqu'ils travaillent sur la dynamique émotionnelle de votre organisation, assurez-vous qu'ils soient supervisés.

- **S'entourer d'expertises spécifiques.** Pour accompagner individuellement les familiaux qui en ont besoin, ce peut être, par exemple, un bon principe de proposer systématiquement un coach de jeune, au moment des choix d'orientation des lycéens, pour aider les *nextgen* à bien choisir ce qui leur correspond, en alliance avec les parents, et dans le contexte de la famille entrepreneuriale. Cela permet d'exprimer les doutes, les craintes liées à l'entreprise familiale.
- **Naviguer au sein de la famille**. Qui détient l'information ? Qui navigue facilement entre les générations et les branches ? Qui est la personne difficile et que porte-t-elle que les autres ne portent pas ?
- **Travailler sur la vision familiale, les valeurs, la charte familiale régulièrement**. Il est plus important de se voir régulièrement pour revisiter ces différents sujets que d'avoir des documents finis que personne n'utilise ou ne lit. Assurez-vous que vous nourrissez vos quatre capitaux (financier, humain, sociétal et réputationnel).
- **Avoir un processus de résolution de conflit.** Ils sont plus performants s'ils intègrent des personnes extérieures à la famille pour vous épauler en cas de besoin. Il est plus difficile de trouver le médiateur après.
- **Travailler sur la formule de la confiance** (*cf.* chapitre 2).
- **Faciliter la liberté des actionnaires qui souhaitent sortir**. C'est parfois un dogme[37] ou un tabou de vendre ses parts, mais la liberté permet aussi d'éviter de développer des situations d'héritiers passifs.

- **Communiquer, communiquer, communiquer**. Le processus est vivant, il n'est jamais fini.
- ***Go to the balcony*** (voir encadré suivant).

Going to the balcony

Le concept de *Going to the balcony*, littéralement « Aller au balcon » a été formalisé par William Ury, expert en négociation, fondateur du programme de négociation de Harvard Business School et auteur du livre *Getting to Yes*[38]. Il a posé ce concept pour prendre de la distance avec une situation notamment conflictuelle, pour essayer de la regarder depuis le balcon, pour ne pas sur-réagir émotionnellement à une situation donnée. C'est une technique que les négociateurs et les médiateurs utilisent pour ne pas laisser leurs propres émotions influencer leur jugement et leur permettre de continuer à interagir avec le système de façon plus calme et potentiellement plus stratégique.
Dans le cadre de la gouvernance des entreprises familiales, cette pratique est un *must have* pour observer la famille du balcon. De regarder ce qui est en train de se jouer et de se répéter, idéalement avec le génogramme (voir outil suivant) comme support. Il n'est pas toujours facile, ou évident de faire travailler les familles sur leur propre génogramme y compris individuellement. Je trace systématiquement ce génogramme à mesure que j'accompagne une famille et que j'en perçois les interactions, l'histoire, que je découvre les rôles pris ou reçus par les différents membres de la famille. Pourquoi cette personne est en conflit avec la famille ? Qu'est ce qui se répète ? Pourquoi cette personne n'est pas là ? Pourquoi celle-ci est toujours d'accord ? Qu'est ce qui est en jeu ?
Aller au balcon, c'est sortir du sujet immédiat qui potentiellement créé de la tension mais qui n'est pas le fond du problème. Il en est l'expression du système à un moment donné. Expression qui se répète et dont la source est plus profonde et mérite d'être observée si l'on souhaite accompagner le système de la meilleure des façons.

L'outil
Le génogramme

Outil de psychogénéalogie

Le génogramme est un outil de psychogénéalogie qui aide à observer la dynamique émotionnelle au sein d'un système familial[39] en révélant notamment d'éventuelles répétitions transgénérationnelles telles que des conflits, des ruptures, des maladies, ainsi que par exemple des relations fusionnelles. Il est composé d'un arbre généalogique complété par des symboles qui viennent illustrer le niveau de relation émotionnelle entre les membres de la famille. Il est le plus souvent structuré sur trois à quatre générations et idéalement tracé à la main. Ses informations peuvent ensuite être utilisées pour comprendre comment le système fonctionne.

Cet outil ne peut pas être utilisé avec légèreté et nécessite l'accompagnement de professionnels pour aider le ou les membres d'une famille à l'exploiter. Il peut aussi être construit sans la famille afin d'aiguiller le consultant en gouvernance à mieux comprendre le système familial avec lequel il interagit.

Lors de l'utilisation du génogramme, les observateurs tels que les psychothérapeutes et les conseillers en gouvernance familiale doivent prêter une attention particulière à un certain nombre de facteurs que cet outil peut révéler sur les individus et la famille. Ceux-ci incluent : l'ordre et la place des naissances, les décès prématurés, les relations conflictuelles, les addictions, les maladies, les effets d'événements extérieurs tels que les guerres, les crises économiques et les changements de localisation géographique. Un génogramme est avant tout une représentation symbolique d'une famille[40] du point de vue du sujet. La taille des formes[41] , les couleurs utilisées, et les erreurs commises lors de la production du document fournissent des informations qui aident à mettre en perspective les croyances du sujet sur le cours de sa vie. Voyons l'élaboration du génogramme.

Les personnages

1. Les femmes sont représentées par un rond.
2. Les hommes sont représentés par un carré.
3. Lorsqu'ils sont décédés, on applique une croix sur le rond ou le carré correspondant.

4. Les couples sont reliés par une ligne continue à partir de laquelle on peut dessiner les enfants en dessous.

5. Cette ligne est discontinue lorsque le couple est séparé ou l'on indique deux barres sur la ligne continue lorsqu'ils sont mariés puis divorcés.

6. Les enfants doivent être dans l'ordre de naissance de gauche à droite.

7. Une fois les enfants dessinés, on peut ensuite ajouter les familles nucléaires composées des conjoints des enfants, et de leurs propres enfants, permettant de structurer trois générations.

8. Il y a une multitude d'autres symboles que vous trouverez dans des ouvrages spécialisés[42], par exemple pour indiquer des jumeaux, des enfants adoptés.

Il peut être intéressant de compléter ces symboles par des éléments comme :

1. Les initiales ou les prénoms des personnes.

2. Leur date de naissance.

3. Une indication, comme une couleur lorsqu'ils travaillent dans l'entreprise familiale ou lorsqu'ils y ont travaillé. Parfois, deux couleurs sont nécessaires, d'autres fois certains indiquent la date d'arrivée dans l'entreprise familiale et la fonction.

Les relations

Elles sont structurées par des lignes entre deux personnes qui viennent décrire les relations émotionnelles suivantes :

1. Une ligne continue pour une relation normale.

2. Une double ligne continue lorsque la relation est forte.

3. Une triple ligne lorsque la relation est fusionnelle.

4. Une ligne discontinue lorsque la relation est distante mais pas coupée.

5. Une ligne coupée pour indiquer une relation cassée ou coupée, c'est-à-dire, qu'il n'y a plus de communication.

6. Une ligne en zigzag pour les relations conflictuelles.

7. Enfin, une ligne en zigzag sur une triple ligne pour indiquer une relation fusionnelle et conflictuelle.

Dans une marge à droite ou à gauche, on peut rajouter quelques événements importants qu'ont traversés la famille et l'entreprise et qui ont pu avoir un impact fort sur la dynamique émotionnelle comme des guerres ou des conflits entre actionnaires amenant à des séparations.

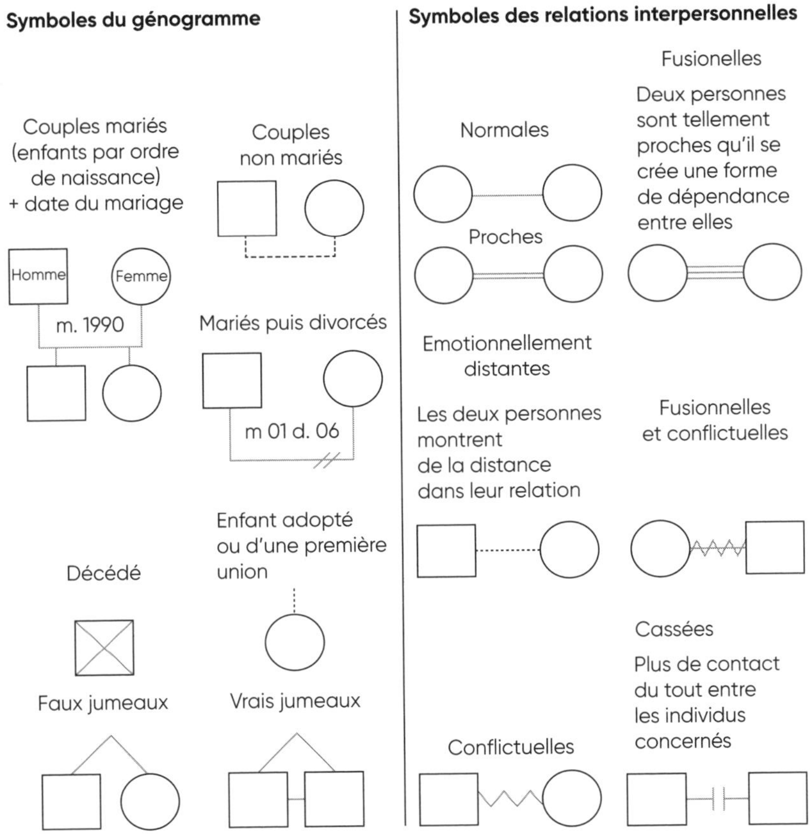

OBSERVATION DU GÉNOGRAMME

Les génogrammes sont utilisés en thérapie familiale[43] et sont presque systématiquement en relation avec la gouvernance des entreprises familiales pour aider à révéler les sources de conflits familiaux entre les générations afin d'observer notamment les relations émotionnelles entre ses membres. Par exemple, un génogramme peut montrer la présence de relations fusionnelles répétées dans la vie d'un individu, des conflits entre frères et sœurs ou cousins, ou des ruptures qui se répètent en transgénérationnel.

Une fois dessiné, le génogramme permet à l'observateur non seulement de mieux comprendre l'histoire du patient/client en lien avec le groupe familial, mais aussi d'ouvrir une discussion sur son avenir. Une analyse du génogramme pourrait aider à réécrire le passé d'un individu, et par conséquent, changer son avenir en rompant avec ses croyances forgées au fil des années. On touche ici à la notion du récit que nous avons évoqué dans la première partie. Le récit familial est la manière dont une famille se raconte, et de ce fait, il pourrait être possible de changer le récit lorsque l'on reconnecte avec son système familial.

Observation des rôles clés

Il est également intéressant de voir comment des rôles dits « type » peuvent être distribués, et comment chacun prend sa place, notamment au sein d'une fratrie en fonction de comment chaque enfant qui arrive peut incarner l'un de ces rôles. Cela permet de voir comment ces rôles interagissent entre eux, notamment inter-branche dans le cadre d'une famille entrepreneuriale. Ils sont au nombre de trois, et ils peuvent arriver dans l'ordre d'une fratrie ou pas :

- **Le bon élève**. Entendons-nous, il ne s'agit pas d'être un bon élève à l'école, même si cela peut être le cas. Il s'agit d'une réponse, la plupart du temps inconsciente, qui consiste à répondre aux attentes de ses parents. Cela peut prendre plusieurs formes, comme celle de rejoindre l'entreprise familiale, le bon élève incarnant assez facilement le devoir envers la famille. Ce rôle est d'ailleurs souvent incarné par les premiers de la fratrie, plus précisément parce que dans la dynamique familiale, ils sont les seuls à avoir eu leurs parents sans avoir à les partager avec leurs frères et sœurs pendant quelques années. C'est aussi une période où les parents peuvent, et ce n'est pas une généralité, accueillir ce premier enfant avec une attention particulière parce qu'il est le premier, et qu'ils vivent pour la première fois cette expérience unique, celle d'être parent. Cette attention, parfois très, voire potentiellement, trop importante dans le cas d'un premier enfant, a tendance à s'équilibrer à mesure que la fratrie grandit, ne serait-ce que parce que le temps disponible pour s'occuper de chaque enfant baisse. Il est fréquent que ce rôle ne revienne pas à l'aîné, surtout lorsque le poids d'une possible injonction à rejoindre l'entreprise est trop lourd, lorsque l'entreprise est vécue comme le premier enfant du dirigeant, ou encore lorsque ce dernier, omnipotent, ne peut imaginer céder sa place. Souvent de manière inconsciente, cela provoque l'effet inverse dans la dynamique émotionnelle familiale. Vous reconnaîtrez aisément le bon élève. Il suit la dynamique donnée par ses parents, les valeurs qu'ils portent. Il peut souvent, dans ces familles entrepreneuriales, incarner le désir de leadership si son père ou sa mère, qui dirigent l'entreprise, l'incarne également.

- **Le médiateur**. Il a la capacité de naviguer facilement à travers la famille. Souvent en lien avec ses frères et sœurs, il a plus d'aisance dans ses relations avec les autres branches. Naturellement, on le nomme médiateur, car cette énergie lui permet de communiquer avec beaucoup de facilité avec l'ensemble des parties prenantes. Il n'est pas rare de le voir endosser le rôle de *Chief Emotional Officer*. Mais, parfois, ce rôle peut être lourd à porter. En effet, à la fois il est très agréable puisque cette personne est souvent positionnée au milieu des nœuds, ayant cette capacité de compréhension des attentes de chacun et de leurs problématiques. Les membres de la famille se confient aisément et ce rôle de médiateur peut ensuite être subi. Il n'est pas rare de voir un médiateur partir s'installer loin de sa famille lorsque ce rôle devient trop dur à gérer. Ils sont souvent des seconds si le premier a endossé un rôle de bon élève. Dans les conflits, ils ont un rôle important.
- **L'artiste**. À nouveau, il n'a pas besoin d'être un artiste dans la vie. Le rôle incarne une capacité de prendre de la distance avec le schéma imposé par la famille. L'artiste jouit souvent de plus de liberté émotionnelle, il semble moins contrôlable par les parents

et se détache plus facilement du projet entrepreneurial initial de la famille. Il est assez rare d'avoir un troisième enfant dirigeant l'entreprise, mais lorsque c'est le cas, l'accélération de l'orientation entrepreneuriale peut fortement en bénéficier.

Ces trois rôles se distribuent et se prennent inconsciemment par les membres de la famille dans chaque fratrie. C'est une dynamique de famille nucléaire, et non de famille dans son ensemble. On trouve donc des bons élèves, des médiateurs et des artistes dans toutes les branches. Il n'y a aucune statistique disponible sur l'ordre dans lequel ils apparaissent dans une fratrie, mais de mon expérience, lorsque le premier a pris le rôle de bon élève, il n'est pas rare de voir le second être médiateur et le troisième artiste.

Récemment, j'échangeais avec le dirigeant d'une entreprise familiale de quatrième génération. Je lui demande de me raconter son histoire qui se révèle bien entendu très intéressante avec des anecdotes croustillantes à la fois dans cette aventure entrepreneuriale et sa dynamique familiale, l'entreprise ayant grandi rapidement pour atteindre près d'1 milliard d'euros de chiffres d'affaires, avec notamment une accélération très forte sur la dernière génération, c'est-à-dire celle du dirigeant avec lequel j'échangeais. Naturellement, il me parle de la prochaine génération et de ses trois enfants. Le premier est un brillant ingénieur, il est le nouveau dirigeant de l'entreprise familiale et a l'ambition de doubler son chiffre d'affaires dans les dix ans qui viennent. Nous voilà donc possiblement en présence d'un personnage incarnant le rôle de **bon élève** (il dirige l'entreprise et voit les choses en grands comme son père), avec une dynamique émotionnelle stimulée par le « désir de leadership ». Le deuxième est une femme, elle a construit une carrière dans les ressources humaines, a travaillé un temps dans l'entreprise familiale comme directrice des ressources humaines, et a décidé de poursuivre sa carrière en famille en s'installant en Nouvelle-Zélande. Nous voilà, possiblement, en présence d'une médiatrice. Elle a choisi un métier résolument tourné vers l'humain, qui nécessite de l'empathie. Elle a un grand frère qui a *a priori* le rôle de bon élève, et indication intéressante, elle est partie s'installer loin de sa famille. Elle est donc peut-être, par ailleurs, sa *Chief Emotional Officer,* rôle qui peut être lourd à porter si les dysfonctionnements du système familial passent souvent, voire systématiquement par elle. Enfin, le troisième enfant est une autre femme, elle est artiste peintre, n'a aucun intérêt pour l'entreprise familiale et fait une brillante carrière. Vous avez là un exemple, où chacun des rôles a été pris dans l'ordre évoqué ci-dessus. Encore une fois, ce n'est pas une généralité et tout cela se complique avec les familles recomposées et les demi-frères et demi-sœurs qui peuvent être à la fois premier et second ou second et troisième, etc.

Lorsqu'il y a plus de trois enfants, les rôles fonctionnants par trois, la dynamique émotionnelle reprend au quatrième. Ce qui veut dire qu'un quatrième enfant est l'équivalent d'un premier dans une fratrie, d'un point de vue de la dynamique émotionnelle, un cinquième un second et ainsi de suite. Il y a quelques années, j'ai rencontré une autre famille. J'étais en présence de son président, de sa femme, de leur fille, directrice générale et comme toujours, les voilà qui m'expliquent l'histoire de leur famille entrepreneuriale. Je venais de faire une conférence sur le génogramme et la manière dont on pouvait intégrer l'entreprise dans le système familial. Leur fille se présente comme la troisième d'une fratrie de trois. Cette information me met dans une position d'écoute active très importante. Pourquoi dans cette famille dirigée par des hommes depuis trois générations, la quatrième est incarnée par une femme, troisième de fratrie et qui a deux grands frères ? Puisqu'ils viennent d'assister à ma conférence, je les remercie de leur partage et je leur dis que c'est assez rare d'avoir ce genre de situation. Ils me demandent pourquoi et j'essaie de partager mon ressenti : ils viennent de me décrire comment cette jeune femme est arrivée dans l'entreprise, a passé toutes les étapes avec succès pour en prendre la direction générale, et je leur dis, ça résonne comme le rôle de bon élève qui s'incarne souvent chez un premier ou un quatrième, rarement dans un troisième enfant. S'ensuit un long blanc. Ils se regardent, une émotion certaine les unit spécifiquement à cet instant, puis le père m'explique qu'ils ont eu un enfant qui était leur premier, et qui est malheureusement décédé très jeune et qu'en fait ils sont quatre et non trois. À ce moment-là, tout s'éclaire pour eux, leur fils aîné actuel est en fait un second. On observe ensemble les rôles qu'a pris chacun des enfants, ils sont en fait dans l'ordre. Sophie Duverne, exprime très bien dans son livre l'impact des fausses couches[44], des interruptions volontaires de grosses (IVG), des enfants morts nés, ou décédés très tôt. Elle montre comment ces événements ont un impact émotionnel très fort dans la dynamique familiale et peuvent s'immiscer inconsciemment dans la manière dont les rôles seront pris ou distribués dans la famille.

Encore une fois, ces éléments restent assez empiriques, ils ne sont pas une règle, mais l'observation d'un système apporte beaucoup d'informations supplémentaires aux seuls enjeux factuels et conscients pour comprendre ce qui se joue dans le théâtre familial. On constate parfois que, par devoir envers la famille, une personne a rejoint l'entreprise familiale mais que ce projet ne correspond en réalité pas du tout à ce qu'elle souhaite, et notamment dans sa dynamique émotionnelle. L'observation est ici une clé. Les suppositions doivent rester des suppositions permettant d'explorer et d'itérer avec le système et l'accompagner dans une dynamique la plus équilibrée possible. Ce qui veut dire qu'un troisième enfant peut parfaitement diriger une entreprise familiale, tout en ayant une énergie d'artiste ou une énergie de bon élève si c'est la sienne.

Intégrer l'entreprise dans le génogramme

Comme nous l'avons vu, le génogramme est un outil de psychodynamique extrêmement efficace pour étudier la famille, mais il peut également être très utile pour étudier les relations des actionnaires avec l'entreprise. L'un de mes clients, membre de la troisième génération d'une entreprise familiale française de renom, m'a confié ceci un jour : « Cette entreprise c'est comme le premier enfant de mon père, il s'en est occupé d'ailleurs beaucoup plus que nous ». C'est la raison pour laquelle, dans le cadre d'une famille entrepreneuriale, il est intéressant de rajouter un personnage dans le génogramme, un membre de la famille fictif, mais qui pourtant exerce un impact extrêmement important dans la dynamique de la famille : l'entreprise familiale.

Intégrer l'entreprise familiale dans le génogramme est une manière très efficace pour comprendre quelle relation les membres de la famille exercent avec cette entité en plus de celles qu'ils développent entre eux. Pour cela, il convient préalablement de faire dessiner l'entreprise familiale aux participants avant de leur demander de placer le génogramme dans l'outil et d'observer plusieurs éléments :

- À quelle génération cette entreprise familiale fait partie dans le génogramme ? Celle du dessinateur ? Celle du dirigeant actuel ? *Now gen* ou *next gen* ?
- Le dessin est-il devenu un homme ou une femme lorsqu'il a été placé dans le génogramme ?
- Quelle relation y a-t-il entre l'entreprise et les différents membres de la famille ?

Génogramme et famille régénérative

Lorsque l'on fait un travail de vision ou un travail sur l'*affectio familiae* et *societatis*, il est également adapté de faire dessiner deux fois l'entreprise familiale. Un premier dessin pour représenter la situation actuelle de l'entreprise dans le système familial et un autre fictif dans vingt ans, pour la projeter à la prochaine génération.

Dans le cadre d'un travail académique que j'ai réalisé au sein de l'Insead en 2020, il a été demandé à des actionnaires familiaux d'intégrer systématiquement deux dessins de l'entreprise dans leur génogramme afin de clarifier les relations émotionnelles en jeu dans la dynamique familiale entre chaque individu et au sein de leur entreprise familiale[45]. Les dessins décrivaient l'entreprise familiale en 2020 et une projection de celle-ci en 2040. L'enjeu était de déterminer si l'on pouvait mesurer le niveau de relation émotionnel entre les membres d'une famille et leur entreprise familiale, et comment la crise environnementale influençait le désir de la *next gen* de rejoindre le mouvement familial, c'est-à-dire, être un facteur de risque dans le cadre de la transmission intergénérationnelle. Les conclusions de cette étude étaient les suivantes : la plupart des participants ont décrit leur entreprise dans leur incarnation actuelle plutôt plus sombre et plus polluante que leur réalité, alors que dans la projection à vingt ans le dessin s'est transformé en un personnage en harmonie avec la nature. Le dessin « sombre et polluant » est systématiquement devenu un « vieil homme » dans le génogramme. Le dessin « en harmonie avec la nature » est devenu systématiquement « une jeune femme » incarnant la *next gen*. Sans exception, les participants ont révélé des liens émotionnels plus forts avec la représentation du futur, féminin, optimiste et écologique, qu'avec la représentation actuelle, « masculine » et incarnant le passé.

L'une des conclusions de l'étude confirmait que la crise climatique pouvait être un facteur affectif, générationnel, et une raison potentielle de rupture pour la plus jeune génération avec l'entreprise familiale. Plusieurs participants ont déclaré que l'incapacité de l'entreprise familiale, ou de la famille entrepreneuriale à prendre en compte les facteurs environnementaux dans la stratégie long terme de l'entreprise pouvait avoir un impact significatif sur leur désir de rejoindre le mouvement familial.

Cette étude est loin d'être une vérité, surtout lorsque la famille ou l'entreprise est déjà ancrée dans une telle démarche. Néanmoins, elle confirme l'enjeu des familles, dans les phases de transitions à travailler cross-génération pour réaligner les valeurs de la famille dans un contexte évolutif.

PROCESSUS DE COACHING À DESTINATION À DES CONSULTANTS

Ce coaching s'effectue dans le cadre d'un atelier individuel dans un premier temps et collectif si la dynamique émotionnelle le permet.

- **Étape 1** : demander au participant de tracer son génogramme sur 3 à 4 générations, à la main en intégrant les éléments contextuels liés à l'entreprise familiale. Explorer avec ce participant le travail réalisé. Regarder ce qu'il peut manquer ou si des erreurs ont pu apparaître.

Par exemple, les enfants pourraient ne pas être dans l'ordre, il peut manquer une branche ou certaines personnes. Utiliser la méthode *Go to the balcony* pour observer ce que l'inconscient de cette personne a pu partager comme informations. Par exemple : il n'y a pas de relation émotionnelle tracée entre certains membres clés de la famille. Et tout ce qui pourra vous paraître pertinent.

- **Étape 2 :** demander au participant de dessiner une représentation de l'entreprise familiale aujourd'hui, puis de l'expliquer. Ne pas tirer de conclusion hâtive. Les techniques de coaching sont ici les plus appropriées. Les dessins produisent des représentations symboliques de projections très pertinentes, anxieuses, dépressives ou fantastiques que le participant peut avoir du mal à exprimer verbalement[46]. Le premier dessin peut représenter une partie de l'inconscient collectif de la famille, notamment une projection de ce que représente pour lui émotionnellement cette entreprise aujourd'hui.
- **Étape 3** : lui demander ensuite de dessiner une représentation de l'entreprise familiale à nouveau mais cette fois-ci dans le futur, idéalement avec un horizon de temps assez long, équivalent à une génération, avec un minimum de dix ans. Je préfère vingt ans.

Ce second dessin illustre la vision et potentiellement les fantasmes du participant pour cette entreprise. Il est intéressant d'observer ce que Klein[47] appelle le *split* entre ces deux dessins. C'est-à-dire, l'écart émotionnel que vous pourrez observer. Par exemple, un premier dessin très sombre intégrant des projections inconscientes d'anxiété et de stress liées à l'entreprise familiale et un second dessin plus fantasmagorique potentiellement impossible à réaliser dans le temps proposé. Il n'est pas rare de voir ce *split* plus grand en fonction des participants, notamment entre un actionnaire familial exécutif dans l'entreprise et un non-exécutif[3].

Par exemple, certains participants ont proposé un premier dessin avec une usine dégageant une fumée très noire et une famille plus ou moins soudée, et un second dessin avec une entreprise verte avec des arbres symbolisant sa transformation et une famille très unie.

3. Actionnaire travaillant dans l'entreprise familiale ou non.

- **Étape 4** : demander maintenant au participant d’essayer d’imaginer que ces deux dessins sont des membres de sa famille. Ils ne peuvent pas s’incarner dans des membres déjà existants. Ce sont de nouvelles personnes. Elles peuvent être de n’importe quelle génération et soit des femmes, soit des hommes. La meilleure façon de les intégrer dans le génogramme est d’indiquer l’année qu’il représente, par exemple, 2025 et 2050 pour symboliser l’année du dessin, dans un rond si c’est une femme ou un carré si c’est un homme.
- **Étape 5** : une fois installé dans le génogramme, demander au participant de tracer sa propre relation émotionnelle avec ces deux nouveaux personnages. Explorer avec lui cette relation. Elle est souvent différente entre les deux dessins et c’est cette différence qu’il peut être intéressant de comprendre.
- **Étape 6** : par des techniques de coaching, amener le participant à se projeter personnellement. Que peut-il faire pour que le second dessin se réalise en partie. Quelle contribution peut-il apporter ? Que pourrait-il changer, lui et sa famille, pour que cela se réalise. Vous trouverez ci-après un exemple de dessin réalisé en 2020, pré-Covid, ainsi que le génogramme les intégrant.

Dessins de l’entreprise familiale réalisé par un actionnaire familial

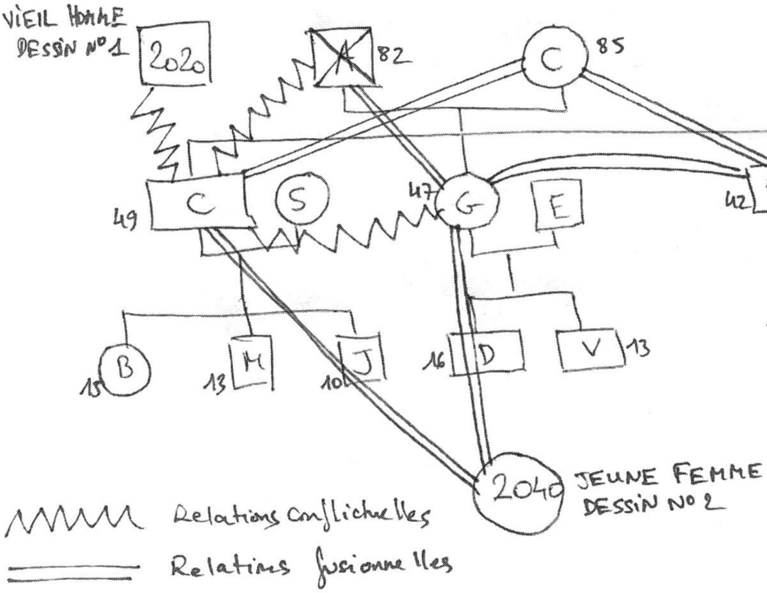

Génogramme réalisé par le même familial intégrant les deux dessins sous la forme 2020 et 2040

La symbolique du conte fées, un autre outil de coaching

Les contes de fées sont souvent utilisés en coaching par les consultants car ils permettent, par la symbolique, de faire émerger ou de dire ce qui semble difficile à faire dans la réalité[48]. Je vous propose ici d'intégrer une partie des enjeux de ce chapitre, que vous pouvez adapter à vos enjeux spécifiques dans un conte de fées que vous pourrez adapter à votre contexte.

C'est l'histoire d'un vieux roi, qui, dans notre contexte de la dynamique émotionnelle des systèmes de familles entrepreneuriales, représente l'inconscient collectif de la famille. Ce vieux roi détient l'histoire et le récit familial. Ses succès, ses échecs, ses secrets et sa part d'ombre. Il est d'un point de vue énergétique, l'*Animus* de notre histoire. Il a enfermé sa fille dans le château que la famille détient depuis de nombreuses générations afin de la protéger du monde extérieur, une sorte de prison dorée. Sa fille représente dans notre contexte, l'inconscient collectif de la *next gen*. D'un point de vue énergétique, elle est l'*Anima* de notre histoire. Sa fille, qui serait une princesse dans un conte de fées traditionnel, attend son prince pour la libérer. Malheureusement, comme vous le savez, les princes n'existent pas. Elle doit donc trouver la clé pour se libérer des chaînes inconscientes qui la relient au vieux roi et notamment son devoir envers la famille. Sans liberté pour vivre ses propres expériences, elle ne pourra pas trouver sa place dans le récit familial. Elle ressent la charge émotionnelle de sa famille, de son entreprise, le poids de son histoire mais également elle ressent l'inconscient collectif du monde appelant au changement, vers un monde plus durable et régénératif qui l'attire. Avec le vieux roi, et grâce à sa propre individuation, elle prend conscience que ces chaînes n'existent pas, elles sont une construction mentale et émotionnelle fabriquée par le récit familial. Et cette famille a le pouvoir de faire évoluer son récit. C'est fort de l'énergie féminine de l'*Anima*, qu'elle a le devoir de sortir du château, pour découvrir le monde et prendre part avec sa famille aux enjeux de son temps et continuer à écrire le récit familial de sa génération, récit qui viendra alimenter dans vingt ans, l'énergie du vieux roi, qui détient l'histoire et le récit familial.

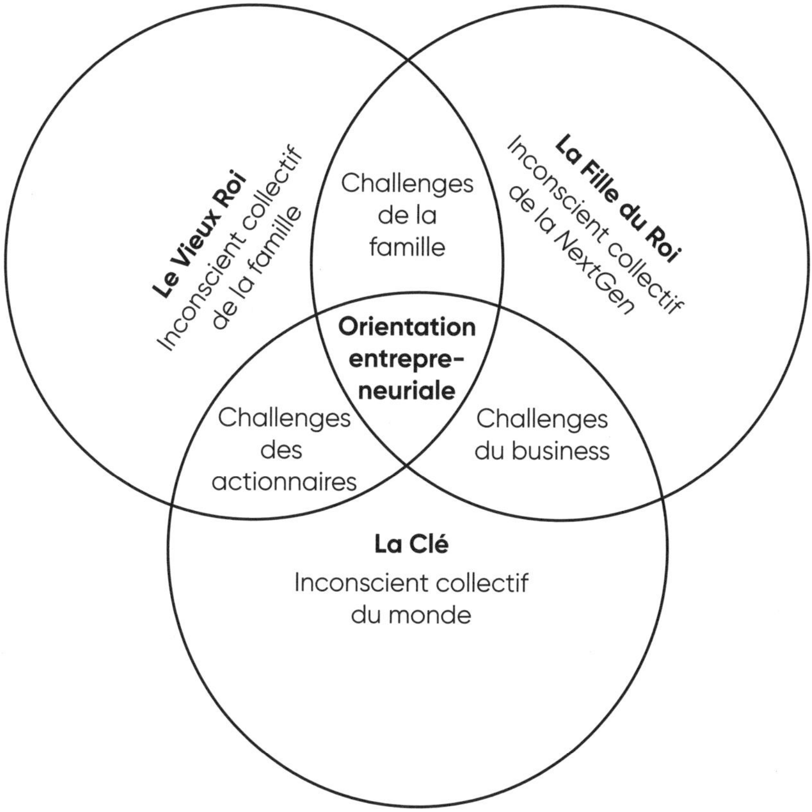

Figure 14 *– L'orientation entrepreneuriale : carrefour des challenges de la famille, des actionnaires et du business, mais également au centre de l'inconscient collectif de la famille, de la nextgen et du monde*

L'ESSENTIEL

- Le théâtre familial est composé de rôles qu'il peut être intéressant d'identifier, notamment le *Chief Emotional Officer*.
- L'entreprise peut être considérée comme un membre de la famille, comprendre la dynamique qu'elle exerce sur les membres est l'une des clés pour comprendre sa part d'ombre.
- Le génogramme est un outil de psychogénéalogie qui permet de visualiser la dynamique émotionnelle de la famille, notamment en transgénérationnel. Il permet aussi de mesurer la relation émotionnelle qu'il existe entre un familial et l'entreprise familiale.
- L'individuation des membres, au sens jungien du terme, est essentielle pour faire progresser le système.
- Organiser la gouvernance familiale nécessite différentes compétences et différentes expertises que les conseils de la famille maîtrisent. Ils fonctionnent trop souvent en silos, les enjeux de coordination et de communication sont essentiels.
- L'ambivalence entre la *now gen* et la *next gen*, la place des femmes et celle des conjoints, la différence entre l'égalité et l'équité, sont quelques exemples de thématiques dont le conseil de famille ou son équivalent peut s'emparer.
- La partie la plus difficile à appréhender du système est avant tout émotionnelle et complexe, plutôt que technique et compliquée.

Sur le chemin de la régénération

Les défis sociaux, économiques et environnementaux que nous traversons ne sont qu'une phase de notre histoire et les défis qui y sont associés sont tous interdépendants et indissociables. Les challenges qui y sont associés sont par ailleurs intergénérationnels et systémiques. Les familles entrepreneuriales et leurs entreprises familiales ont dans ce contexte un rôle majeur à jouer pour relever ces défis. Elles ont par ailleurs des atouts que d'autres ne possèdent pas. Elles ne se contentent pas de préserver des actifs financiers, elles s'organisent génération après génération pour transmettre une vision marquée d'engagements forts construits autour de leurs quatre capitaux distinctifs et notamment le sociétal, l'humain et le réputationnel.

La carte de la famille à visée régénérative, avec sa colonne vertébrale et ses quatre territoires, est un appel à l'action, à la régénération des familles entrepreneuriales de toute taille. C'est aussi un appel à leur sauvegarde et à leur protection. Ces organismes sont vivants, elles permettent de faire société notamment en créant et en stabilisant des bassins d'emplois dans les territoires où elles opèrent. Mais leur survie ne repose pas uniquement sur des décisions stratégiques pertinentes, elles sont empreintes d'émotions et porteuses d'une part d'ombre probablement nécessaire mais qui nécessite une introspection certaine. Savoir qui l'on est, comprendre le récit de la famille et choisir où l'on souhaite aller ensemble forme la colonne vertébrale tête-corps-cœur de ces familles à visée régénérative. Mais c'est par la valeur du travail, qu'elles possèdent toutes, que ces familles peuvent s'engager ou se réengager vers une collaboration harmonieuse entre les générations. C'est aussi par une gouvernance éclairée, des outils structurants comme le conseil de famille, le conseil d'administration et le family office 2.0 que ces familles peuvent écrire le nouveau récit de leur histoire vers une économie plus inclusive et durable afin de prospérer en interdépendance avec leur écosystème et transmettre un héritage profondément contributif aux enjeux du XXIe siècle.

Jane Goodall, éthologue et anthropologue disait : « Vous ne pouvez pas passer une seule journée sans avoir un impact sur le monde. Ce que vous faites fait la différence. Et vous devez décider quel type de différence vous souhaitez faire ». Aujourd'hui, les familles entrepreneuriales peuvent choisir de devenir des organismes capables de faire cette différence, en étant des catalyseurs de générations, en transformant non seulement leurs entreprises, leurs familles mais également tous les écosystèmes qu'elles impactent chaque jour directement ou indirectement. C'est une responsabilité immense, mais à travers elle, une nouvelle génération d'entrepreneurs régénératifs nous attend. Une génération curieuse et innovante capable de bâtir sur une histoire et des valeurs fortes le nouveau récit de leur famille entrepreneuriale.

Ces familles entrepreneuriales sont pourtant menacées lorsque l'entreprise doit porter seule une triple charge : innover pour rester compétitive sur ses marchés, porter la fiscalité de la transmission et enfin, protéger la famille. Professionnaliser la famille, ou professionnaliser sa gouvernance, c'est structurer un modèle permettant d'équilibrer les rôles et les responsabilités de chacun des cercles. Cette carte est une invitation, celle d'une aventure humaine et familiale, celle d'une aventure émotionnelle, celle d'une aventure avant tout entrepreneuriale.

Je vous souhaite de belles aventures en famille. Et vive les entreprises familiales !

Julien Lescs

LA FAMILLE À VISÉE RÉGÉNÉRATIVE

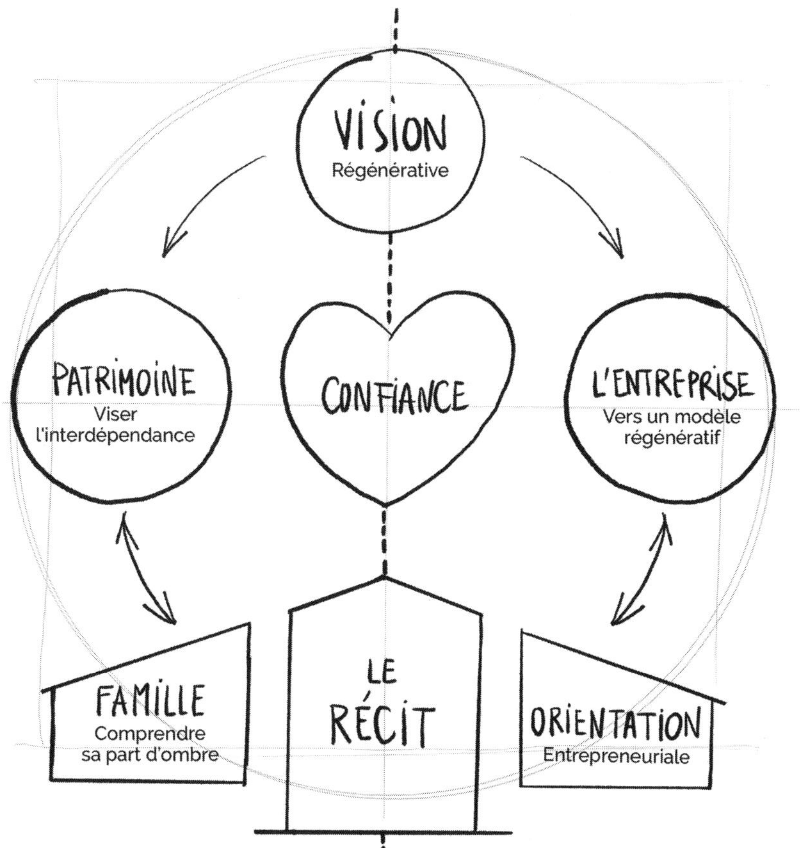

Remerciements

Ce livre est bien plus qu'un travail individuel. Il est l'aboutissement d'un voyage collectif, forgé d'histoires de familles inspirantes que j'ai la chance de partager chaque jour depuis plus de quinze ans. Je les remercie chaleureusement d'ouvrir les portes intimes de leur cœur et de leur histoire. Ils et elles se reconnaîtront : merci de me laisser entrer dans l'intimité de votre famille. C'est aussi la rencontre d'hommes et de femmes passionnés par notre planète, scientifiques, professeurs, activistes qui sont notre boussole et qui guident notre démarche. C'est enfin un chemin collectif avec mes collaborateurs et associés, avec mes confrères, architectes silencieux de cet ouvrage et que j'ai la chance d'avoir à mes côtés. Enfin, merci à la *Pachamama* de nous offrir tant de beauté qui mérite d'être partagée en famille et préservée.

Notes

1. BPI, *Les entreprises familiales à l'épreuve des générations*, 2023.

2. PwC USA, *Family Business Survey*, 2023.

3. Stenholm P., Pukkinen T., & Heinonen, J., *Firm Growth in Family Businesses-the Role of Entrepreneurial Orientation and the Entrepreneurial Activity Wiley-Blackwell*, 2016 ; Holton R., « A Critical Look at "Survival" Statistics », *Family Business Review*, 2016 ; Lumpkin G. T., & Dess G. G., « Clarifying the Entrepreneurial Orientation Construct and Linking it to Performance », *International Library of Entrepreneurship*, 2012.

4. « Radioscopie des entreprises françaises, Les "ETI", des hauts potentiels qui ne demandent qu'à prospérer », *consulendo.com*, 2025.

5. Dion C., *Petit Manuel de résistance contemporaine*, Acte Sud, 2018.

6. KPMG, *Tendances des entreprises familiales européennes*, 2016.

7. Covey S.M., *The Speed of Trust: The One Thing that Changes Everything*, Franklin Covey Co, 2006.

8. Lesc J., *A Clinical Perspective on how the Environmental Urgency Affects the Psychodynamics between Family Members and within Family Businesses*, Insead, 2020.

9. Hamant O., *De l'incohérence : Philosophie politique de la robustesse*, Odile Jacob, 2024.

10. Holton R, *op. cit.* ; Lumpkin G.T., Brigham K.H., & Moss T.W., *Long-Termorientation: Implications for the Entrepreneurial Orientation and Performance of Family Businesses Routledge*, 2010.

11. Fournier C., *Comment la génération Y va peut-être sauver le monde des entreprises*, Youmatter. World, 2016.

12. Lescs J., *op. cit.*

13. Bughin C., Colot O., Finet A., « Quelle transmission ? », *Revue Management et avenir*, 2010 ; Hirigoyen G., *L'Entreprise Familiale, Défis et performance*, Eyrolles, 2014.

14. Holton R, *op. cit.*

15. Lumpkin G. T., & Dess G. G., *op. cit.*

16. Raworth K., *La théorie du Donut, l'économie de demain en 7 principes*, Plon, 2017.

17. Siu L., « Beyond Circularity: What is Doughnut Economics? », *thesustainableagency.com*, 2023.

18. AFP, « Travail des enfants au Bangladesh : des semaines de 64 heures », *fashion-united.ca*, 2016.

19. Handler L., & Thomas A.D., *Drawings in Assessment and Psychothérap*ie, Routledge Taylor, 2014.

20. Perryman H. P., & Hanback J.W., *Symbolic Family Drawing and Abstract Representation Techniques*, Taylor & Francis Group, 2014.

21. Mersky, *Drawing Brings the Inside Out*, London: Karnac Books, 2013.

22. Drut B., « La hausse des inégalités : un vrai risque pour l'économie », *cpram.com*, 2021.

23. Web Team, « BMW and Toyota Jointly Developing Next Generation of Fuel Cell Technologie », *electrichybridvehicletechnology.com*, 2024.

24. Adamu H., « Did You Know: Samsung Makes a lot of Money from IPhones », *.android-authority.com*, 2024.

25. Mouzon C., « Buurtzorg transforme les soins à domicile », *alternatives-economiques.fr*, 2018.

26. Mc Kinsey, *Fine Tuning Family Businesses for a New Era*, 2016.

27. Étude BPI, *PME/ETI face à l'ouverture de leur capital*, 2016.

28. Allard L., Costeux P-A., Family CO, *Accompagner et pérenniser une entreprise familiale*, Dunod, 2024.

29. Blondel A., « Argent : "La moitié des 16-24 ans estiment que la façon de placer son épargne peut avoir un impact sur la société" », *Le Monde*, 2024.

30. Institut de la finance durable, *Finances for Tomorrow*, 2021.

31. Sur le site : https://iris.thegiin.org/

32. Sarne I., *Se libérer de son histoire familiale : Une approche créative du transgénérationnel*, JouVence, 2021.

33. « Génération Impact », *WebTV 4 Change*, 2023.

34. Engle D., *Ambivalence in Psychotherapy: Facilitating Readiness to Change*, Ed. Guilford, 2006.

35. KPMG, *The Power of Women in Family-Business*, 2020.

36. Kets, *Family Business on the Couch: A Psychological Perspective*, Chichester, 2007.

37. Allard L., Costeux P-A., Family CO, *op. cit.*

38. Hury W., *Getting to Yes*, Random House Business, 2012.

39. Hurley P. M., *Taylor & Francis Ltd*, 1982.

40. Sur le site : https://multiculturalfamily.org/S

41. Tim T., & Blow A.,*The Family Life Cycle and the Genogramme*, 2005.

42. McGoldrick, *The Genogram CaseBook*, Norton & co, 2016.

43. Gewirtzman R. C., « The Genogram as a Visual Assessment of a Family's Fugue, Content – Management Pty Ltd », 1988.

44. Duverne S., *Se libérer des mémoires familiales*, Robert Laffont, 2024.

45. Lescs J., *How the Environmental Crisis Affects the Psychodynamic Between Family Members and within Family Business*, Insead, 2020.

46. Mersky R. R., *Drawing Brings the Inside Out*, Karnac Books, 2013.

47. Klein M., « Notes on Some Schizoid Mechanisms », *The International Journal of Psycho-Analysis*, 1946.

48. « Utilizing Symbolic Expressions, Art, Myths, Dreams and Fantasies in Coaching », *Springer Int. Publishing*, 2016.

88096 - (I) - CRB 90° - NOC - MSN
Dépôt légal : mai 2025
Imprimerie DUPLIPRINT
733, rue Saint-Léonard, 53100 MAYENNE
N° 2998067J
Imprimé en France